coleção ● ▶ primeiros
112 ● ▶ ● ▶ passos

Luzia Margareth Rago
Eduardo F. P. Moreira

O QUE É TAYLORISMO

editora brasiliense

*Copyright © by Luzia Margareth Rago e Eduardo
F. P. Moreira, 1984
Nenhuma parte desta publicação pode ser
gravada, armazenada em sistemas eletrônicos,
fotocopiada, reproduzida por meios mecânicos ou
outros quaisquer sem autorização prévia da editora.*

*ISBN: 85-11-01112-9
Primeira edição, 1984
11ª reimpressão, 2015*

*Revisão: José W. S. Moraes e Tereza G. Aguiar
Capa e ilustrações: Ettore Bottini*

Dados Internacionais de Catalogação na Publicação (CIP)
(Câmara Brasileira do Livro, SP, Brasil)

Rago, Luzia Margareth
    O que é taylorismo/Luzia Margareth Rago, Eduardo F. P. Moreira.
– São Paulo : Brasiliense, 2003. – (Coleção Primeiros passos; 112)

    11ª reimpr. da 1. ed. de 1984.
    ISBN 85-11-01112-9

    1. Eficiência industrial I. Moreira, Eduardo F. P.
II. Título III. Série.

03-1069   CDD-658.0001

Índices para catálogo sistemático:
1. Taylorismo : Ciência da adminstração   658.001

editora brasiliense
*Rua Antonio de Barros, 1720 – Bairro Tatuapé
CEP 03401-001 – São Paulo – SP – Fone 3062-2700
E-mail: contato@editorabrasiliense.com.br
www.editorabrasiliense.com.br*

ÍNDICE

- Introdução 7
- Em busca do homem-boi 13
- O soldado do trabalho 25
- Taylorismo e resistência operária 39
- O dopolavoro na Itália fascista 56
- A beleza do trabalho na Alemanha nazista . . 71
- O herói do trabalho na URSS. 84
- Concluindo. 96
- Indicações para leitura. 103

Aos amigos do mestrado da UNICAMP.

"Ainda assim acredito
Ser possível reunirmo-nos
Tempo Tempo Tempo Tempo
Num outro nível de vínculo
Tempo Tempo Tempo Tempo."

Caetano Veloso — "Oração ao Tempo".

INTRODUÇÃO

Conhecemos de perto a dificuldade que se instalou em nossa sociedade de vivermos sem o controle total do tempo, sem nos guiarmos continuamente pela pressão obsessiva do relógio, mesmo quando nada temos para fazer. Ou precisamente nesses momentos. Numa sociedade que valoriza o tempo do mercado, tempo linear, evolutivo, tempo-dinheiro que passa muito rápido, que se gasta e que deve ser utilizado ao máximo, perdeu-se definitivamente os vínculos com a determinação do tempo pela natureza. Por isso a ideia de medir-se o cozimento de um ovo pela duração de uma prece parecenos absurda e engraçada. De fato, jamais poderíamos dizer, como alguns povos primitivos, que alguém tenha morrido "em menos tempo do que leva o milho para ficar completamente tostado", querendo com isto dizer em menos de quinze minutos.

Para nossa sociedade que transformou o tempo em mercadoria, até o próprio lazer tornou-se um problema. Mais ainda, tornou-se uma dificuldade e, portanto, deve ser programado com antecedência para o bom proveito e para o sossego de todos. A própria concepção do lazer como "tempo de folga", como um "tempo livre" que se opõe ao tempo do trabalho, revela até que ponto aprofundou-se a oposição entre vida e trabalho. E, no entanto, este próprio momento do não-trabalho foi absorvido pela embriaguez do consumo. Aproveitar o tempo livre passou a significar na sociedade do trabalho a necessidade de satisfazer ansiedades criadas pelo desejo nunca satisfeito de consumo voraz.

Susan Sontag, fotógrafa norte-americana, retrata em seus Ensaios sobre Fotografia uma cena curiosa: turistas japoneses, americanos e alemães especialmente intimidam-se diante da paisagem nova e desconhecida com que se defrontam. Não sabendo como agir, recorrem aos sofisticados aparelhos fotográficos que carregam no pescoço: a produção de fotografias atende a este sentimento de medo e de insegurança diante do novo; a máquina fotográfica permite dominar este espaço estranho e desconcertante.

Mais profundo ainda do que o problema da timidez ante o novo, eles precisam satisfazer a necessidade moral de acreditarem-se produzindo,

O que é Taylorismo

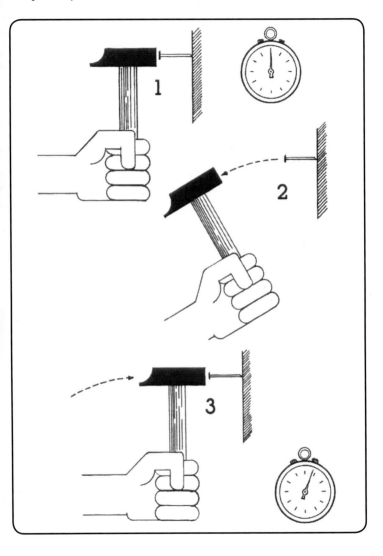

fazendo, ativando, trabalhando. O manejo da máquina permite a esses turistas sentirem-se ocupados, da mesma forma como se sentiriam fora do período de férias. O medo do ócio, da inatividade, para não falar da "quietude" que os antigos gregos valorizaram no mais alto grau, marca esta sociedade que caminha a passos cada vez mais largos e velozes, decompondo minuciosamente o tempo e fazendo com que cada atividade se torne cada vez mais rentável: em suma, *taylorizando* a produção e todas as atividades da vida social.

O presente trabalho pretende enveredar por um dos caminhos através dos quais a burguesia constituiu sua dominação sobre as classes trabalhadoras e sobre toda a sociedade: o *taylorismo*. Método de racionalizar a produção, logo, de possibilitar o aumento da produtividade do trabalho "economizando tempo", suprimindo gestos desnecessários e comportamentos supérfluos no interior do processo produtivo, o sistema Taylor aperfeiçoou a divisão social do trabalho introduzida pelo sistema de fábrica, assegurando definitivamente o controle do tempo do trabalhador pela classe dominante.

No entanto, se o taylorismo se apresentou como um método de organização "científica" do trabalho e assim ficou conhecido, acreditamos que seu alcance foi muito mais amplo, a despeito das lutas de resistência travadas pelas classes trabalhadoras em todos os países onde foi introduzido. Com isto queremos afirmar que este método de intensificação da produção em um menor espaço de tempo acabou por penetrar e determinar até mesmo atividades que se realizam fora dos muros da fábrica. Talvez aí esteja seu principal êxito. Afinal, em múltiplos campos da sociedade, no esporte ou no trabalho doméstico, procura-se obter o máximo rendimento do tempo não raro obedecendo-se às regras e instruções ditadas por bulas e guias "científicos" de racionalização do agir, do sentir e do pensar. As bancas de jornais, tanto quanto os programas de televisão, estão hoje repletos destes manuais e receitas que pretendem ensinar como aproveitar bem o tempo, como fazer o seu dia render, como fazer muito mais exercícios num mesmo espaço de tempo etc. etc.

A importância do taylorismo, a nosso ver, advém fundamentalmente do fato de concretizar de forma exemplar a noção do "tempo útil" que a sociedade do trabalho introjetou no coração de cada um de nós: há muito tempo guardamos um relógio moral que nos pressiona contra o ócio. E muito embora o registro do tempo já não pertença hoje às classes abastadas, quem entre nós ainda ouve o canto do galo?

Por outro lado, a emergência das lutas de resistência social nas mais diversas formas, dentro e fora dos circuitos da produção, coloca a questão da possibilidade de uma nova maneira de organizar o processo de trabalho e todas as atividades da vida social. Pensamos nesse sentido desde as lutas operárias que se travam no interior da fábrica questionando a organização taylorista do processo produtivo quanto os movimentos sociais, organizados ou não, de negação da sociedade do trabalho. Embriões de uma nova maneira de viver?

EM BUSCA DO HOMEM-BOI

O pé de cada pedreiro deve ocupar uma posição determinada em relação à parede, ao balde de argamassa e à pilha de tijolos. A altura do balde e da pilha de tijolos deve ser aquela que possibilite um maior conforto ao pedreiro e minimize o número de movimentos necessários para assentar cada tijolo. Todos eles (o pedreiro e os materiais) ficarão em cima de um andaime que é ajustado por um operário especificamente treinado, alocado para ir subindo o andaime conforme a parede for-se elevando.

Um outro operário especificamente treinado deve ir preparando baldes de argamassa e substituir os baldes vazios de cada pedreiro, de modo que eles não precisem descer do andaime. Enquanto isso, um outro operário especificamente treinado deve ir selecionando e colocando em pilhas os tijolos que forem descarregados pelo terceiro operário especificamente treinado na melhor forma de descarregar os tijolos do caminhão. Este será dirigido por um motorista especificamente treinado na condução de caminhões de tijolos. Ao lado de todos estes trabalhadores especificamente treinados estão os gerentes, aqueles que dominam a ciência do assentamento dos tijolos e portanto os que podem determinar o que e como cada trabalhador deve fazer. São os gerentes que treinam os operários para trabalharem com os novos métodos. São eles que explicam, auxiliam, encorajam cada trabalhador individualmente, ao mesmo tempo que controlam a produção de cada um a fim de recompensar monetariamente aqueles que seguiram corretamente as normas do trabalho impostas. Por outro lado, são também eles que decidem pela dispensa daqueles operários cuja ignorância e preconceito impedem de perceber as vantagens das normas científicas do trabalho para ambas as partes.

Este pequeno exemplo serve para nos dar uma primeira ideia do que é usualmente chamado de *taylorismo*, o conjunto de estudos desenvolvidos por Frederick Winslow Taylor (1856-1915) e aplicados nas indústrias de todo o mundo, determinando a organização do processo de trabalho contemporâneo.

Os principais estudos deste engenheiro americano considerado o "pai da Organização Científica do

Trabalho" datam das primeiras décadas deste século, inclusive o mais famoso: *Princípios de Administração Científica*, amplamente difundido e utilizado ainda hoje nas empresas e escolas de Administração empresarial. Como o próprio titulo indica, neste livro o autor expõe suas teorias sobre a racionalização do processo de trabalho, ilustradas pelos numerosos estudos e experiências que realizou na oficina, e fornece vários dados sobre sua própria biografia.

Embora Taylor tenha sido apresentado pelos seus apologistas como um filho do povo que ascendeu na hierarquia da empresa graças a seus esforços pessoais, a maioria de seus críticos concorda ao afirmar que ele nascera de uma família abastada de formação puritana e só não realizou seu sonho de estudar na Universidade de Harvard devido a problemas de visão. Aos 22 anos, decide-se pela profissão de engenheiro e inicia seus estudos como aprendiz numa pequena oficina da Filadélfia. Nos quatro anos seguintes, ele se torna sucessivamente chefe-ferramenteiro, segundo contramestre, contramestre, chefe-mecânico, diretor de pesquisa e, enfim, engenheiro-chefe das Usinas Midvale Steel Co. Simone Weil, no entanto, afirma que Taylor jamais frequentou um curso de engenharia, tendo adquirido seus conhecimentos muito mais em função de uma experiência prática de trabalho.

O objetivo que o leva a trabalhar diretamente com operários não é certamente de ordem financeira, ao contrário, Taylor deseja descobrir um método "científico" de direção das indústrias: como dirigir com o máximo de eficácia, obtendo o melhor rendimento. Seu objetivo portanto é o aumento da produtividade do trabalho evitando qualquer perda de tempo na produção.

O processo de concentração e de centralização dos capitais que se intensifica nesta fase monopolista do capitalismo reflete-se no crescimento cada vez maior das unidades fabris, que vão reunir milhares de operários num mesmo espaço de trabalho. Desde cedo, o jovem Taylor acredita que o processo de produção cada vez mais complexo de tais fábricas não podia ser deixado nas mãos dos próprios trabalhadores, que procuravam sempre retardar o ritmo do trabalho.

Seu ponto de partida é aquilo que qualifica como "indolência sistemática" do trabalhador, que produz muito menos do que poderia propositadamente. Os efeitos da grande depressão do final do século, aliados à grande massa de imigrantes que anualmente chegavam aos Estados Unidos à procura de emprego, levavam a que a grande maioria dos trabalhadores compartilhasse a ideia de que se todos trabalhassem menos haveria uma melhor oferta de empregos. Assim pensando, a "cera" no serviço era considerada uma clara manifestação da solidariedade de classe e, indiretamente, da própria segurança do emprego.

Esta posição política dos operários americanos,

defendida pelos recém-criados sindicatos metalúrgicos ligados à também recente Federação Americana do Trabalho, iria chocar-se frontalmente com a obstinação produtivista de Taylor. Este via na "indolência" voluntária dos trabalhadores a origem de todos os problemas da sociedade americana, inclusive os da própria miséria do proletariado. Sua ilusão consistia em acreditar que uma maior produtividade do trabalho iria trazer ganhos maiores tanto para os patrões quanto para os operários, para os quais os ganhos seriam representados nos salários maiores e nos prêmios de produção. Taylor iria viver uma série de conflitos com os trabalhadores sob seu comando na tentativa muitas vezes inglória de convencê-los a trabalharem mais depressa e a aumentarem a produção.

Estes conflitos chegam até mesmo a ameaças de morte por parte dos operários com quem trabalhava, mas a convicção que Taylor mantinha por suas ideias o fez continuar no caminho da implementação de seu método de trabalho. É interessante observar na biografia deste estranho personagem que, desde a adolescência, ele gostava de contar seus passos, analisar seus gestos e comportamentos buscando economizar tempo, eliminando os que considerasse supérfluos e desnecessários.

Ainda com relação à resistência dos trabalhadores no interior da fábrica, o próprio autor nos fornece informações pertinentes:

> "Tão logo comecei a ter sucesso em *obrigar* os homens a trabalhar bem, eles jogaram a cartada decisiva. Eu sabia o que estava por vir. Eu predissera aos proprietários da companhia o que aconteceria quando começássemos a vencer, e os adverti de que deveriam me apoiar. (. . .) Cada vez que eu reduzia o pagamento ou forçava um dos novos homens a quem eu havia ensinado o serviço a uma velocidade razoável, alguns desses mecânicos deliberadamente quebravam uma peça de sua máquina para mostrar à administração que um chefe louco estava obrigando os homens a sobrecarregar a máquina até quebrá-la. Quase todo dia imaginosos acidentes eram planejados e eles acontociam com máquinas em diferentes partes da oficina, e eram, naturalmente, sempre atribuídos ao chefe louco que estava dirigindo os homens e as máquinas para além do limite adequado."

O método de Taylor, entretanto, não se resume a constatar que a "cera" no processo de trabalho era uma das causas do desperdício. O que notabilizou o taylorismo foi o fato de ele mostrar que havia uma fonte muito maior de desperdício, cuja causa era a "anarquia" das formas de produção. Embora o sistema de fábrica já tivesse introduzido a separação entre o trabalho manual e o trabalho intelectual no interior do processo de trabalho, as tarefas específicas de cada trabalhador ainda eram deixadas em suas mãos. O trabalho era ensinado oralmente pelos próprios operários entre si, o que levava a que coexistissem inúmeras formas de se fazer uma mesma tarefa.

Taylor vai dizer que cada tarefa e cada movimento de cada trabalhador possuem uma ciência, um saber fazer profissional, daí que se deveria escolher entre as várias soluções apresentadas pela criatividade operária a melhor possivel, a forma mais racional de executar-se uma determinada operação, portanto, a mais lucrativa. Consequentemente, se existe uma ciência para cada tipo de trabalho, as determinações das tarefas não deveriam ser deixadas a cargo dos próprios operários apegados à sua tradição, mas deveriam ser estudadas, classificadas e sistematizadas por cientistas do trabalho, no caso a gerência científica. Trata-se então de separar as fases de planejamento, concepção e direção, de um lado, das tarefas de execução, de outro.

A obra de Taylor é permeada de estudos específicos onde o autor demonstra a clara vantagem da tarefa planejada cientificamente em comparação com as formas de execução anteriores. O exemplo clássico que utiliza é o do carregamento dos lingotes de ferro. O uso adequado dos métodos que ele desenvolveu levou a que os carregadores passassem a transportar quase quatro vezes mais lingotes do que anteriormente, em troca de salários em média 60% mais elevados.

Para chegar a tais resultados Taylor procurou um operário que considerou de *tipo bovino*, forte e docilizado, ao qual fez uma oferta superior de salário em troca da realização do seu programa de trabalho. Interessa-nos destacar o *tipo de trabalhador* que o taylorismo vai buscar e considerar como o mais adequado para a própria introdução de seus métodos. Novamente as palavras de Taylor não poderiam ser mais esclarecedoras:

> "Quanto à seleção científica dos homens, é fato que nessa turma de 75 carregadores apenas cerca de um homem em oito era fisicamente capaz de manejar 47,5 toneladas por dia. (. . .) Ora, o único homem em oito capaz desse serviço não era em sentido algum superior aos demais que trabalhavam na turma. *Aconteceu apenas que ele era do tipo do boi* – espécime que não é tão raro na humanidade, nem tão difícil de encontrar que seja demasiado caro. Pelo contrário, era um homem tão imbecil que não se prestava à maioria dos tipos de trabalho."

Os princípios basicos da Administração Científica, ou taylorismo, amplamente difundidos nos ramos industriais e desde os anos 1960 estendendo-se para os setores terciários da economia, foram formulados pelo próprio autor na seguinte ordem:

Primeiro Princípio — desenvolver para cada elemento do trabalho individual uma ciência que substitua os métodos empíricos do trabalho. Em outras palavras, é necessário reduzir o saber operário complexo a seus elementos simples, estudar os tempos de cada trabalho decomposto para se chegar ao tempo necessário para operações variadas. O que vai permitir realizar este objetivo é a introdução do *cronômetro* nas oficinas.

Assim, o administrador deve juntar todo o conhecimento tradicional adquirido pelo trabalhador e classificar, tabular e reduzir este saber a regras, leis e fórmulas, devolvendo-as ao trabalhador como "the one best way" (a melhor maneira de se executar uma operação). Deste modo, o poder do capital apropria-se do saber operário para elaborar o método de trabalho que lhe parece mais rentável. O trabalhador receberá portanto as instruções de como e em quanto tempo realizar sua tarefa parcelizada.

Vemos assim como através da instituição de relações hierárquicas e despóticas no interior da fábrica constitui-se um *novo campo de saber* que representará um reforço da dominação sobre o próprio trabalhador.

Em suma, o que este primeiro princípio estabelece é *a separação das especialidades do trabalhador do processo de trabalho*. Este deve ser independente do ofício, da tradição e do conhecimento do trabalhador, dependendo apenas das políticas gerenciais.

Segundo Princípio — Selecionar cientificamente, depois treinar, ensinar, e aperfeiçoar o trabalhador. No passado ele escolhia seu próprio trabalho e treinava-se a si mesmo como podia. Agora todo trabalho intelectual deve ser eliminado da fábrica e centralizado no departamento do planejamento.

Este princípio ficou conhecido como o que estabelece a *separação entre a trabalho de concepção e o de execução*. Segundo Taylor, a "ciência do trabalho" deve ser desenvolvida sempre pela gerência e nunca estar de posse do trabalhador. Ele compreende muito bem como a organização do trabalho pelo próprio operário é uma arma contra o capital, concluindo então que toda atividade de concepção, planejamento e decisão deve realizar-se fora da fábrica pela gerência científica e ser executada passivamente pelos trabalhadores-bovinos. Consuma-se aí a dominação do capital sobre o trabalhador no interior do espaço produtivo, impondo-lhe um rendimento padronizado.

Terceiro Princípio — Cooperar cordialmente com os trabalhadores para articular todo trabalho com os princípios da ciência que foi desenvolvida. Na prática, trata-se de aplicar a "ciência do trabalho" e controlar até mesmo os mínimos detalhes de sua execução. O ponto de vista do operário só será ouvido se ele tiver algo a acrescentar depois de testado o novo método. O princípio de colaboração é fundamental: objetiva-se estabelecer uma relação "íntima e cordial" entre o operário e a hierarquia na fábrica, anulando a existência da luta de classes no interior do processo de trabalho.

Quarto Princípio — Manter a divisão equitativa do trabalho e das responsabilidades entre a direção e o operário. A direção incumbe-se de todas as atribuições, para as quais esteja mais bem aparelhada do que o trabalhador, ao passo que no passado quase todo o trabalho e a maior parte das responsabilidades pesavam sobre o operário.

Taylor acredita poder assegurar com esta nova divisão do trabalho a supressão das lutas operárias, sobretudo da greve, na medida em que possibilita uma colaboração íntima e pessoal entre as duas partes, em que se divide o trabalho. Na verdade, Taylor imagina para cada três operários um membro da direção, que dividirá as responsabilidades e o trabalho com eles, instruindo-os pelo menos com um dia de antecedência sobre: o que fazer, como fazer e o tempo concedido para fazê-lo. Nisto se resume a divisão "equitativa" do trabalho proposta por Taylor.

Os quatro princípios formulados por ele e aplicados em todo o mundo industrial contemporâneo centralizam o poder de decisão nas mãos da direção, excluindo os produtores diretos da participação da concepção e do planejamento da produção. O operário deve apenas realizar as instruções, o que supõe submeter-se às ordens impostas pela hierarquia despótica da fábrica. À direção compete dirigir, controlar e vigiar o trabalhador, impedindo por todos os meios sua articulação e comunicação horizontais no interior mesmo do espaço da produção. Localizados em seus postos, os superiores hierárquicos dispõem de um observatório através do qual analisam, classificam, registram, produzem conhecimentos sobre o subordinado, o que facilita a vigilância e o controle sobre ele.

Das diversas características do sistema taylorista, duas devem ser destacadas em virtude da grande oposição que geraram por parte dos trabalhadores na época de Taylor.

A primeira é o aparecimento da função hoje conhecida como analista de tempos e movimentos.

A padronização das formas de produzir são acompanhadas pela avaliação da produtividade, avaliação esta materializada no cronômetro. Para cada movimento um tempo ideal de duração, que permite premiar os mais produtivos e punir os "indolentes". Como se verá adiante, a introdução da cronometragem no interior da produção vai se tornar um ponto de atrito constante entre a direção e os operários e suas organizações.

A segunda característica importante do sistema Taylor é a individualização dos salários. Seja através do salário por peça produzida, seja através do pagamento de prêmios adicionais aos que superem os níveis médios de produção, é necessário que não se padronize o pagamento da força de trabalho, forma explícita de introduzir a competição entre os trabalhadores. Ao lado do analista de tempo (que calcula as produções ideais) aparece a figura do apontador, encarregado de mensurar a produção de cada operário individualmente.

O SOLDADO DO TRABALHO

O taylorismo, enquanto método de organização "científica" da produção, mais do que uma técnica de produção é essencialmente uma técnica social de dominação. Ao organizar o processo de trabalho, dividir o trabalho de concepção e o de execução, estruturar as relações do trabalho, distribuir individualizadamente a força de trabalho no interior do espaço fabril, a classe dominante faz valer seu controle e poder sobre os trabalhadores para sujeitá-los de maneira mais eficaz e menos custosa à sua exploração econômica.

O sistema Taylor apresenta-se neste contexto como urna estratégia adequada à dominação burguesa que visa constituir o trabalhador dócil politicamente e rentável economicamente. Portanto, o taylorismo deve ser analisado em sua dimensão política dissimulada quando se apresenta como método "científico" ou como mera técnica de intensificação da produção. Seu objetivo é muito mais amplo do que fazer com que o trabalhador "economize tempo", cumprindo à risca os regulamentos internos e as instruções burocráticas, já que objetiva construir a própria identidade da figura do trabalhador: *o soldado do trabalho*, militante ao nível da produção. Tampouco vem atender aos interesses da sociedade como um todo, constituindo-se principalmente como estratégia de intensificação da produção de mais-valia.

A própria linguagem com que o taylorismo se apresenta merece algumas considerações. A "organização científica do trabalho" supõe a ideia de uma racionalidade inerente ao processo de produção, como se este fosse dotado de leis naturais a que os homens e sua ciência devessem subordinar-se e obedecer. O taylorismo aparece então como um método que expressa essa racionalidade inscrita na ordem natural das coisas, ou seja, ordem objetiva que o autoriza sem comportar refutação qualquer.

A hábil construção ideológica desta forma de dominação social pode ser percebida se explicitarmos seus próprios termos. Assim, "organização" pode ser lido enquanto um conceito que implica a ideia de dispor em ordem, segundo princípios racionais e objetivos, que estão fora dos homens, inscritos de uma maneira neutra no mundo; "científico" — conceito que traz em si a ideia de um saber racional, empiricamente constatável e provável de acordo com a racionalidade inscrita na natureza das coisas. A ideia de ciência passa a legitimar o método Taylor, já que nesta perspectiva ele se fundamenta num saber objetivo, competente e acima de tudo neutro, apolítico, desinteressado, isto é, da ordem da "verdade", opondo-se à "anarquia" dos métodos empíricos tradicionais. A imagem de oposição entre um método e outro dispensa comentários.

Deste modo o discurso taylorista constrói a imagem de neutralidade e de eficácia de acordo com a representação burguesa da técnica como matéria que contém leis próprias, objetivas e imparciais, às quais não se pode nem se deve opor resistência. Esconde-se nesta operação conceitual o significado essencial da técnica como exteriorização de um saber histórico, como produto da cultura burguesa, como materialização de uma ideia produzida no contexto da luta de classes. Esta operação ideológica permite mascarar o *conteúdo político da técnica* de uma maneira muito hábil, ou seja, dissociando a questão da técnica da questão da política de tal modo que ambas aparecem como elementos independentes.

Na medida em que um e outro são dissociados como meios (técnica) e fins (política), é possível acreditar que o problema não seja a técnica em si, mas a maneira pela qual ela é utilizada, como se fosse possível utilizar os mesmos meios para fins outros. Veremos que com um argumento semelhante, difundido até hoje, diga-se de passagem, Lênin defende a introdução "do que há de mais avançado na ciência burguesa": o taylorismo, logo após a tomada do poder na Rússia. O lider bolchevique evidentemente acreditava poder utilizar este sistema em benefício do trabalhador, na medida em que o liberava do pesado fardo do trabalho.

A auto-imagem que o discurso taylorista construiu perpetuou-se até os nossos dias mesmo onde tenha provado sua ineficácia na luta contra a resistência operária. Ainda hoje no meio operário mantém-se a representação ideológica de que o "avanço técnico" é positivo, necessário e indispensável apesar do desemprego que gera e de que a divisão do trabalho, a parcelarização das funções, a cronometragem do tempo de trabalho sejam as maneiras mais eficazes de aumentar a produtividade do trabalho. Ou seja, a ideia de racionalidade veiculada pelo taylorismo mantém-se intacta, mesmo para aqueles que questionam sua utilização. O problema é assim deslocado da técnica "em si" para sua utilização social: ele é válido desde que não vise à exploração capitalista do trabalho, segundo esta lógica.

Quando os trabalhadores não recebem o "progresso técnico" com entusiasmo, mas ao contrário como forma aperfeiçoada de sujeição, a exemplo dos luddistas ingleses durante a Revolução Industrial, demonstram compreender que a técnica, concretização de um saber determinado, não pode ser dissociada de seu conteúdo politico, isto é, da forma social de sua utilização. Desde o século XVIII e durante o XIX, os ludditas, também conhecidos como quebradores de máquinas, reagiram direta e violentamente à introdução da maquinaria na Inglaterra e na França: destruiam teares, matérias-primas, inundavam poços, inutilizavam as novas máquinas adquiridas pelos patrões, chegando mesmo a saquear e incendiar tanto as fábricas quanto as casas dos capitalistas.

A historiografia tradicional interpretou este tipo de luta política como movimento selvagem e atrasado de artesãos inconscientes. Contestando esta postura, autores contemporâneos procuram mostrar que os ludditas não se empenhavam em destruir as novas máquinas por inconsciência política, mas ao contrário, porque desejam expressar neste ato simbólico seu repúdio contra a introdução de inovações técnicas que desorganizavam e destruiam seu modo de vida anterior. Lutavam ferrenhamente para preservar sua identidade cultural e para restabelecer os hábitos de trabalho a que estavam acostumados, procurando intimidar e pressionar os patrões. Nesse sentido, o luddismo chegou a ser um movimento altamente organizado, como em Lancashire ou em Nottinghamshire. Em Nottingham, em 1811, por exemplo, foram destruídos cerca de 70 teares de meia por manifestantes que contavam com o apoio da população local. A partir desta cidade inglesa, o movimento alastrou-se pelas regiões vizinhas prosseguindo sem interrupção por mais de um ano, a despeito da repressão do governo. Canções populares da época comemoravam muitos dos êxitos dos bandos de quebradores de máquinas:

> "Noite após noite, quando tudo está tranquilo
> E a lua se esconde por trás da colina,
> Marchamos, marchamos para realizar nosso desejo.
> Com machado, lança e fuzil!
> Oh! meus valentes cortadores!
> Os que com golpes fortes
> As máquinas de cortar destroem.
> Oh! meus valentes cortadores! (. . .)".

Em suma, a questão que se colocava para eles não era a de uma resistência cega e instintiva diante da introdução das máquinas pelos patrões, mas apontava para o conteúdo político de uma tecnologia que os expropriava de seu saber específico, desqualificava seu ofício e transformava radicalmente as relações sociais de produção.

Autores como S. Marglin e David Dickson analisam como a tecnologia capitalista é introduzida muito mais em função de sua eficácia na sujeição do trabalhador, na medida em que ela "pode

despojar o operário de qualquer controle e dar ao capitalista o poder de prescrever a natureza do trabalho e a quantidade a produzir. A partir daí o operário já não é livre para decidir como e quanto quer trabalhar para produzir o que lhe é necessário". Também no Brasil, Edgar de Decca procura mostrar que a introdução do sistema de fábrica respondeu principalmente a imperativos disciplinares e menos devido a sua suposta "superioridade tecnológica". (A respeito, ver *O Nascimento das Fábricas*, da Coleção TUDO E HISTORIA.)

Do mesmo modo, o taylorismo surge como uma das grandes tecnologias disciplinares produzidas pelo capital e introduzidas no espaço fabril. Já mostramos que ele se origina nos Estados Unidos como forma de vencer a resistência operária à superexploração capitalista. Taylor conclui que o saber operário era uma arma de luta dos trabalhadores americanos e que deveria ser apropriado pelo capital, transferido, sistematizado e classificado pela Direção Científica.

Através desta expropriação, o operário perde totalmente o controle técnico do processo de produção, instrumento mais poderoso de resistência que ainda detinha no interior da fábrica, dando continuidade assim ao longo processo de expropriação do trabalho que é a história do capitalismo.

O taylorismo aprofunda a divisão entre trabalho de concepção e de execução no interior do processo produtivo, levando à sua burocratização acentuada. Afinal, a apropriação massiva do saber operário pelo capital exige a constituição de todo um quadro de profissionais, engenheiros, mestres, escritórios gerenciais, administradores, de onde o processo de trabalho será decidido, planejado, controlado e imposto. Ao mesmo tempo, o trabalho manual tende a ser totalmente desqualificado, tornando-se o capitalista cada vez mais independente do trabalhador, substituível a qualquer momento.

Ao individualizar o operário no interior da fábrica, o sistema Taylor pretende quebrar toda forma de articulação e todo laço de solidariedade entre os explorados. Taylor pregava que a direção da fábrica se dirígisse a cada trabalhador considerado *individualmente*, distribuindo prêmios e gratificações, incentivando o espírito de concorrência entre eles. O objetivo político de impedir a emergência de um movimento organizado dentro da fábrica é declarado explicitamente pelo autor do método que analisamos.

Durante longo tempo, a indústria importou normas de comportamento e sistemas de controle da força de trabalho, de instituições não produtivas como o exército. Desta instituição repressiva vinham indicações de como a classe dominante deveria relacionar-se com a classe trabalhadora, fazê-la produzir, perseguir interesses exteriores e particulares, mantendo-a sob controle e vigilância. Não são mera metáfora as frequentes referências à fábrica como quartel nos textos de clássicos como Marx ou dos próprios operários. No entanto, a partir de um determinado momento histórico, a década de vinte, inicia-se um movimento de inversão nesta relação exército-fábrica nos Estados Unidos, e a fábrica passa a exportar normas de disciplinarização dos soldados para o exército. A novidade principal do taylorismo consiste em elaborar regras *modernas* de controle social tentando superar a importação de modelos disciplinares tradicionais provenientes das instituições militares. Nesse sentido, significa uma ruptura entre o novo mundo industrial e seus modelos arcaicos de sujeição. O contexto histórico de emergência do sistema Taylor coloca no horizonte dos dominantes a preocupação com a formação de "cidadãos conscientes", capazes de colaborar com o mundo do trabalho sem contestação.

O discurso de um comandante da West Point Academy, ao explicar os motivos da adoção de um curso de psicologia para os comandantes no interior do exército, importado da indústria, é muito ilustrativo da nova mentalidade que se configurava. Segundo ele, "o servilismo que caracterizava a antiga disciplina de medo e de obediência cega a um controle autocrático desencorajaria o soldado de hoje e não o prepararia para enfrentar as exigências atuais da batalha. Este tipo de disciplina convinha outrora ao controle de camponeses ignorantes a quem não se perguntava nada e de quem não se esperava reflexão alguma no combate. Os tempos atuais são outros. Não estamos mais lidando com os mesmos homens nem nas mesmas condições. A educação moderna propagando-se nas massas modificou completamente a situação. Hoje, nosso soldado é um *cidadão educado da comunidade democrática*. O que se pode fazer de mais racional é reconhecer este ponto e tirar vantagens deles" (Jean Querzola).

Como se vê, a classe dominante tem clara a necessidade de reelaborar os mecanismos disciplinadores pelos quais assegura a perseguição de seus objetivos por uma classe dominada. Já não lhe é suficiente exercer uma forma de violência visivel, direta, pessoal sobre os trabalhadores, mas é necessário criar tecnologias domesticadoras sofisticadas, leves, sutis. Assim, ao permitir a separação entre o trabalhador e sua habilidade profissional, o sistema Taylor garante o controle do processo de produção como arma do capital, que imporá ao operário o tempo e o ritmo da produção de acordo com as suas exigências lucrativas, sem ter de recorrer a formas visivelmente violentas de sujeição do trabalho.

O sistema Taylor contém, pois, toda uma estratégia de fabricação de individuos docilizados, submissos e produtivos, como o "operário-padrão", instaurando uma mecânica dos gestos, controlando as suas atitudes, introduzindo novos hábitos, novos comportamentos, eliminando outros considerados supérfluos, "racionalizando" a postura, economizando tempo, modelando a figura do trabalhador. Por isso mesmo ele representa uma mudança estratégica nas formas da dominação burguesa para produzir o trabalhador desejado.

Opondo-se aos métodos tradicionais que atribuíam um poder especial à figura do contramestre no espaço da produção, o sistema disciplinar taylorista introduziu a ideia de criar relações estreitas entre cada operário individualizado e seus superiores hierárquicos, cercando-o de tal modo que entre ele e a empresa já não exista nenhum espaço vago, nenhuma brecha, numa estreita identificação do trabalhador com a indústria. Não é também mero acaso o recurso à imagem da família, espaço da harmonia e do aconchego, rede de relações entre indivíduos que se amam e que se unem em vista dos mesmos fins, frequentemente utilizada no discurso patronal. Modelo "democrático" de agenciamento dos meios de produção e do trabalhador no espaço produtivo, o taylorismo é particularmente uma técnica "patronal" de organizar a dominação de uma classe sobre outra.

O taylorismo implica, portanto, uma representação apologética do trabalho como atividade fundamental do homem. Sua lógica é a de ocupar o trabalhador, preencher todos os seus momentos de tal modo que sua alienação se consuma radicalmente. O homem-robô é a representação interna do homem que este sistema carrega: forte, ativo, produtivo, massa bruta destituída de consciência, de capacidade crítica e de criatividade.

Ora, o grande problema com que o taylorismo se defronta é este grande ausente: o trabalhador. Na verdade, se ele pretende transformar o operário num *soldado do trabalho*, impedindo todo tipo de comunicação horizontal entre os operários, a própria organização do processo de trabalho exige por sua vez a intervenção e o desenvolvimento criativo deles, na medida em que são solicitados a darem respostas aos problemas cotidianos que emergem no circuito da produção.

O ideal taylorista de absoluto domínio do processo de trabalho esbarra na complexidade do funcionamento de uma fábrica. Cotidianamente aparecem novos problemas que uma direção situada fora da realidade imediata da produção nem sempre consegue responder.

Ainda mais, esta mesma organização "científica" da produção cria condições para o surgimento de novas formas alternativas de organização dos trabalhadores no próprio espaço fabril. Os operários de um mesmo setor acabam por se unirem espontaneamente em função das necessidades imediatas para a realização de suas tarefas cotidianas e deste modo formam grupos informais de trabalho, que se opõem aos grupos formais que a Direção Científica quer impor. Podemos nos perguntar se o próprio fato de as classes patronais precisarem aplicar constantemente novos métodos de organização do trabalho, do taylorismo à co-gestão, não atesta o fracasso destas formas de sujeição e do próprio taylorismo enquanto desejo de fabricação do soldado do trabalho. Mais do que nunca, absenteísmo, sabotagem, "cera", rebaixamento da qualidade do produto são métodos de resistência utilizados pelos trabalhadores nos dias de hoje.

Estados Unidos, 1922: os soldados contêm os grevistas na cidade de Massachusetts.

TAYLORISMO E RESISTÊNCIA OPERÁRIA

Nos Estados Unidos

A difusão das técnicas tayloristas ocorre no país natal de Taylor no 1º quartel deste século. Neste momento, tanto dirigentes industriais quanto operários qualificados procuram reorganizar as relações de trabalho dentro da fábrica: se os primeiros desejavam quebrar a crescente autonomia dos segundos, obtida em função do ascenso do movimento sindical americano, estes almejavam ampliar sua esfera de interferência na definição das condições de trabalho.

David Montgomery registra o fortalecimento crescente do sindicalismo norte-americano desde a eclosão, entre 1898 a 1903, de inúmeras greves de massa que reivindicavam dos patrões o reconhecimento das organizações sindicais, tais como a greve dos mineiros (1897), a dos mecânicos e trabalhadores do aço (1901) e a greve dos trabalhadores dos matadouros (1904).

Aliás, já na segunda metade do século XIX, os operários qualificados (como os modeladores, laminadores, motoristas, tijoleiros, mineiros, mecânicos etc.) gozavam de certa margem de autonomia para realizarem seu trabalho e dirigirem seus ajudantes. Organizados em sindicatos de ofício, os operários qualificados figuravam como o setor mais combativo da classe operária americana. Assim, a direção impressa às demandas das organizações sindicais de então apontava para a ampliação da margem de liberdade e controle sobre o processo produtivo que estes operários detinham. Contestando a hierarquia despótica da fábrica, materializada por exemplo na figura do contramestre, eles pretendiam subordinar as formas tradicionais de organização da produção a diretrizes emanadas dos sindicatos.

O setor representado pelos operários qualificados dos diversos ramos da indústria possuia um código de ética próprio, o qual regia o comportamento dos trabalhadores no interior da produção. A estratégia de "fazer cera", como Taylor havia denominado, era um dos pontos de honra dos operários, comportamento que destacava a solidariedade de classe como importante virtude. Além disso, era considerado indigno para um operário aceitar a vigilância de mais de uma máquina, empregar mais que um ajudante por vez, produzir mais que a quantidade fixada pelo grupo e, principalmente, aceitar que um vigia ficasse espiando seu trabalho.

Se do lado dos trabalhadores as exigências por uma maior autonomia no interior da fábrica eram sua principal reivindicação, do lado dos patrões florescia também a ideia de mudanças nas relações de trabalho.

Nos inícios do século, a classe empresarial americana foi contagiada pelas ideias do nosso engenheiro, sendo as palavras eficácia, organização e padronização as que mais circulavam nos escritórios das grandes indústrias e nos ambientes frequentados por seus proprietários. A ideologia da produtividade se apossava progressivamente destes industriais, que viam na reestruturação das relações de trabalho uma maneira de conter o avanço da resistência dos trabalhadores e de elevar a produtividade. O taylorismo atendia plenamente a este objetivo: a máscara do conhecimento cientifico como fundamento da nova organização das relações de trabalho permitia esconder a real intenção de quebrar pela raiz a fonte de poder do operariado, ou seja, o domínio do saber fazer profissional.

Desde o final do século XIX o papel do engenheiro preenchia a importante função de evocar a imagem do técnico como árbitro imparcial, totalmente devotado às normas científicas, e simbolo na empresa de uma objetividade que se sobrepunha ao jogo de interesses. As indústrias buscavam portanto um novo fundamento para sua autoridade; Henry Gantt, discípulo de Taylor, afirmava: "a era da força devia ceder lugar à era do conhecimento". Neste sentido, a ideologia produtivista, que se difundia em todos os setores da sociedade, atingindo seu ponto alto na década de 20, lançava a crença no surgimento da "nova fábrica", na qual se havia superado o conflito entre as classes sociais e onde todos se uniram para atingir o mesmo objetivo: a elevação da produção (Maier). Os pontos centrais das mudanças desejadas polos industriais, na verdade, eram a introdução da padronização das tarefas e do sistema de pagamento por peças e prêmios de produção. Estes dois pontos vão-se tornar o eixo das lutas entre capital e trabalho durante estas décadas iniciais do século.

Na perspectiva dos trabalhadores, a padronização das tarefas era percebida como um roubo de sua autonomia, já que pressupunha a centralização do desenvolvimento das normas de produção nas mãos da direção e a criação de um rígido código de procedimentos a serem obedecidos por todos os trabalhadores. O aparecimento dos cronometristas e dos apontadores foi motivo particular de revolta: a existência de supervisores controlando a produção e vigiando cada movimento do operário era inconcebível para alguém acostumado a agir segundo sua criatividade.

Por este motivo, na American Locomotiva Co., de Pittsburg, os cronometristas, que haviam entrado na fábrica após acordo firmado pelo próprio sindicato, foram atacados e espancados pelos operários em 1911. Os apontadores eram tratados como elementos da policia pelos trabalhadores, enquanto que várias greves foram deflagradas em empresas que adotavam o Cronômetro. Se em 1914 Henry Gantt se vangloriava das "melhorias" introduzidas na fábrica têxtil Bringthon Mills, de Passaic, em 1916 os tecelões faziam uma greve em que exigiam a supressão dessas inovações.

O outro ponto de conflito entre operários e patrões, o salário por peças e os prêmios de produção, era percebido pelos mecânicos como " . . . doença vergonhosa e insidiosa (que) encoraja o apetite de ganho; é imoral em seus objetivos e contribui, mais que todos os males que escaparam da caixa de Pandora, para criar a discórdia e transformar num inferno uma oficina ou uma fábrica onde antes reinava o entendimento entre as pessoas do nosso ofício", segundo o editorial do *Machinists Monthly Journal* de 9.5.1897. Aqui a questão de fundo era a oposição dos sindicatos a qualquer tipo de individualização dos salários. O taylorismo propugnava a avaliação individual da produção e dos "méritos" de cada trabalhador para se deteriorarem as remunerações. A isto se opunha, da parte dos operários, a fixação de salários homogêneos por categoria, fixação esta a ser feita em acordo com o sindicato. Tal oposição chegou ao extremo na American Locomotive Co., onde os mecânicos jogavam no lixo seus envelopes contendo os prêmios de produção.

Os contratos de trabalho vinham sendo negociados desde o fim do século XIX, pelo sindicato dos mecânicos (IAM), de forma a não se permitir a introdução do salário por peça. À resistência dos sindicatos, os industriais passaram a declarar suas fábricas como não-sindicalizadas (não reconhecer os sindicatos) e a estabelecer o novo sistema de pagamento à revelia das organizações dos trabalhadores. Se de um lado essa atitude levou à introdução deste sistema de pagamento por inúmeras indústrias, de outro levou à eclosão de várias greves por sua supressão, tais como na Pressed Steel Car Co. (1909), na Bethlehem Steel (1910) e na Mesta Machine Co. (1918).

A generalização dos métodos tayloristas trouxe mudanças significativas na sociedade americana neste período. O primeiro round da luta é vencido pelos industriais, que conseguem reduzir a influência dos operários qualificados através da desqualificação das funções que acompanha a padronização das tarefas.

A padronização, por outro lado, levou à conversão de inúmeros operários desqualificados em operários semiqualificados (taylorizados) adaptados ao novo sistema de trabalho. O efeito imediato foi a melhoria dos ganhos destes grupos de trabalhadores, como previa Taylor, às custas da redução significativa dos operários qualificados sobre o total da força de trabalho (apenas 9% do total dos metalúrgicos em 1923). Novas técnicas de soldagem, por exemplo, fizeram por permitir a contratação de mulheres, normalmente empregadas na indústria têxtil, formadas nas próprias oficinas como soldadoras, o que também suscitou fortes protestos dos antigos operários.

O perfil da classe operária americana vai assim mudando significativamente. O novo operário "taylorizado" assume importância na composição da força de trabalho, enquanto que uma nova categoria de operário qualificado, o ferramenteiro, de inexistente em 1900 vai atingir a cifra de 55.000 em 1920.

Estas transformações redundam em uma mudança na própria estrutura do sindicalismo americano. As novas levas de operários semiqualificados logo vão-se mostrar um grupo muito combativo, que irá colocar em xeque a liderança dos sindicatos pelas camadas qualificadas do operariado.

O número de sindicalizados cresce rapidamente: de 2 milhões em 1910 passa a contar com 5milhões em 1920. E a estrutura de ofício (corporativa), sob a qual havia nascido o sindicalismo americano, vai-se transformando numa estrutura de sindicatos de indústria, onde as outras categorias operárias que não os operários qualificados passam a ter influência.

Este crescimento da representatividade e do vigor dos sindicatos durante a década de 10 pode ser em parte explicado pelo crescimento vigoroso que a economia americana apresentou no período, levando a uma situação próxima do pleno emprego, especialmente durante o período da Primeira Guerra Mundial. É muito grande o número de greves que eclodem neste momento, muitas delas à revelia dos próprios sindicatos.

A Federação Americana do Trabalho (AFL) havia assumido o compromisso de não fazer greves durante o período de guerra, mas o grande número de greves selvagens em 1915-46 (1 600 000 grevistas em 1916), sustentadas por sindicatos em 1917, mostrava que uma grande mudança havia ocorrido no movimento sindical americano.

Assistiu-se a uma melhoria nas condições de trabalho durante a década de 10, tendo havido uma sensível redução na jornada de trabalho média (em 1910 apenas 8% dos operários trabalhavam 48 horas ou menos, ao passo que em 1920 esta porcentagem aumenta para 49%) e rejeição dos sistemas de salários individualizados.

O surgimento da profissão de gerente de pessoal vem desse período. A grande mobilidade dos trabalhadores durante esta fase de crescimento obrigava as empresas a buscarem políticas de fixação da força de trabalho através de incentivos e da criação de um "espirito de equipe" entre os trabalhadores como forma de se sentirem parte integrante da empresa. Cinquenta destes profissionais vão fundar a Employment Manager's Association em 1911, passando a contar com 900 gerentes de pessoal em 1918.

A situação dos trabalhadores viria entretanto a se reverter na década seguinte. A força do movimento sindical se dissipa nos anos de 1920-22, quando a crise econômica começa a empurrar trabalhadores para o desemprego. Com a perda do poder sindical se assiste à queda vertiginosa dos salários, à extensão da jornada de trabalho e à perda de outras vantagens conseguidas na época da expansão.

O mais significativo a se observar neste período é que as perdas trabalhistas não incidiram homogeneamente sobre toda a classe operária. Aqueles poucos que se mantiveram enquanto operários qualificados (portadores de um ofício) foram os que menos perderam, ao passo que aquela grande massa de operários taylorizados logo sentiu o quão reduzido era o seu poder de resistência numa situação adversa.

A década de 20 mostrou a consolidação do taylorismo nos EUA, podendo-se afirmar que em 1925 os elementos básicos de tal doutrina já se faziam presentes na quase totalidade das indústrias. As lutas desenroladas na década anterior conseguiram apenas preservar uma pequena parcela dos trabalhadores desta nova forma de trabalhar. De fato, após o inquérito parlamentar sobre o taylorismo em 1912 (obtido pela pressão dos sindicalistas), o sistema acabou sendo proibido por lei de ser introduzido em qualquer dependência do governo federal.

Na França

O jornal operário La Bataille Syndicaliste de 13.2.1913 publica o artigo "A greve atinge seu ponto alto na Renault. Abaixo a cronometragem": "A cronometragem deve ser extirpada, o proletariado não pode deixar aclimatar-se o odioso método de Taylor, tal é a vontade unânime dos grevistas dos estabelecimentos Renault. (...) Como funciona (a cronometragem|? É muito simples! Não permite ao operário pensar; é no escritório de cronometragem que se faz o esforço cerebral necessário em seu lugar. Quanto ao operário, só lhe resta executar rápida e interminavelmente um dos numerosos movimentos elementares nos quais se decompõe cada operação".

Assim reagiam os operários franceses à difusão no continente europeu das ideias de Taylor. Embora se tenham difundido por toda a Europa, a França é o primeiro país a experimentar tais inovações.

Antes mesmo da publicação da obra de Taylor, o engenheiro George de Ram, da fábrica de automóveis Renault, havia sido instruído dos novos métodos nos EUA com seu idealizador e voltaria à França para introduzir o sistema em urna das oficinas da fábrica com 150 operários. O caso francês é ilustrativo, uma vez que antes mesmo de Taylor ter aprofundado suas experiências já havia um ambiente favorável à aplicação de seus princípios nas indústrias francesas.

O período que se estende de 1880 a 1920 assiste ao nascimento da "nova fábrica", onde uma organização "científica" da produção pretendia eliminar as barreiras colocadas pelos sindicatos à extração da mais-valia.

Tal como nos EUA, os operários franceses também possuíam um código de ética próprio, impondo a seus pares o cumprimento de "tetos" de produção que não deveriam ser ultrapassados. Os vidreiros de Carmaux, desde o final do século XIX, estipulavam um número máximo de garrafas a serem produzidas num dia de trabalho; os metalúrgicos ligados à Union Syndicale des Ouvriers Métallurgistes de la Loire conseguiam fixar coletivamente a duração da jornada de trabalho; o estatuto do sindicato dos litógrafos estabelecia que "o prêmio oferecido por semana ou por mês não pode ser aceito por um membro, uma vez que constitui um encorajamento à superprodução, sendo por conseguinte nocivo a todos".

Estas lutas contra o poder disciplinar dentro das fábricas eram justificadas pela recusa de prejudicar a saúde do trabalhador ou pelo desejo de preservar o emprego aos mais desfavorecidos. Assim, o sindicalismo francês, no final do século XIX, conseguia impor em vários ramos da produção um código de comportamento coletivo que impedia o avanço da exploração capitalista, estabele~ cendo como estratégia política de valorização da força de trabalho o "freio" à produção, o absenteísmo, o acidente voluntário de trabalho, a rotatividade etc. A título de ilustração, na fábrica de zinco de Decazeville, 65% dos operários pediam demissão em menos de um ano, o que forçara os industriais a tomarem medidas com victas à fixação da força de trabalho.

De fato, as iniciativas patronais logo se fazem sentir objetivando quebrar a autonomia dos operários qualificados sobre o processo de trabalho e sua capacidade de influir na fixação de salários e na duração da jornada de trabalho.

Várias pesquisas técnicas procuram evitar a perda de tempo através da introdução das correias de transmissão para transportar os produtos em processos. O emprego de máquinas-ferramenta, além de aumentar a velocidade e a precisão do processo de produção, não necessita de mão-de obra qualificada para sua operação, permitindo a substituição dos operários qualificados por outros de menor qualificação. Exemplo disso é a instalação de uma fábrica de automóveis em Rennes, cuja força de trabalho é recrutada entre os pequenos camponeses da região.

Outro ponto que os industriais consideravam fundamental para vencer a resistência operária era a modificação do sistema de salários, através da introdução do salário por peça. Os operários percebem mudança como algo que vai significar redução no salário/dia ou aumento da carga de trabalho, fazendo eclodir 294 greves entre 1893 e 1899, questionando este tipo de pagamento.

A vitória dos patrões, no entanto, colocava-lhes um outro tipo de problema com respeito à forma de se calcularem os salários individualizados. Desde 1890, engenheiros militares começam a cronometrar os gestos dos operários nas indústrias de armamentos. Alguns anos depois, pesquisadores de Station du Parc des Princes estabelecem os "tempos unitários" necessários para realizar os diferentes movimentos de trabalho utilizando fotos cronometradas.

Portanto, quando a principal obra de Taylor, Princípios da Administração Científica, é lançada na França em 1911, já existia um clima favorável à sua aceitação.

Se desde 1906 Louis Renault havia introduzido o sistema de cronometragem em sua fábrica de automóveis, é somente em 1912 que este método se generaliza.

Apesar de ter havido, por parte dos patrões, certa resistência ao taylorismo, por medo da ameaçadora concentração do poder nas mãos dos engenheiros, é do lado dos operários que esta oposição vai-se fazer sentir de modo mais explosivo.

Já em 1913 é deflagrada uma importante greve contra a introdução do novo sistema, mostrando-se a União Corporativa dos Operários Mecânicos como a principal organização de oposição ao taylorismo. Na fábrica Renault, palco primeiro da introdução do cronômetro, greves em dezembro de 1912 e fevereiro de 1913 vão arrancar algumas reivindicações da direção, mas não a supressão da cronometragem (embora os operários tenham conseguido que os cronometristas fossem delegados eleitos por eles próprios). O próprio Taylor, comentando a situação francesa, vai advertir que seu sistema não deveria ser introduzido de forma muito rápida.

A greve de fevereiro de 1913 que eclode na Renault iniciara-se exigindo a supressão de dois cronometristas; diante da recusa de seu proprietário, o movimento se generaliza reivindicando, além da supressão da cronometragem, a manutenção dos delegados eleitos e a supressão do pagamento das ferramentas quebradas. Louis Renault aceita os dois últimos pontos, mas recusa o primeiro. A greve dura 44 dias; derrotada, 46 operários não voltam ao trabalho e embora Renault reconhecesse que "os bons operários estavam fora", conclui que em "3 ou 4 meses eu substituirei o melhor grupo de minha casa".

No periódico *La Bataílle Syndícaliste*, anteriormente citado, os operários franceses expressavam sua revolta diante da taylorização da fábrica, demonstrando um alto nivel de consciência quanto ao significado desta estratégia de dominação, apresentada como método "cientifico" e neutro. Segundo o discurso operário, o objetivo do patronato ao introduzir a cronometragem e o taylorísmo era o de elevar a produção, privando o operário de toda a iniciativa e criatividade em sua atividade. Chegava mesmo a afirmar que para os patrões convinha abaixar o nivel mental dos trabalhadores, destituindo-os de todo e qualquer ideal politico. Explicando que o taylorísmo desqualificaria o trabalho operário, o que resultaria na fácil substituição dos operários qualificados, sobretudo os mais velhos, o jornal exortava os trabalhadores a unirem-se na luta contra o "famoso método Taylor".

A I Guerra fará com que, ao contrário dos EUA, a classe operária arrefeça a sua resistência, imbuida do espirito nacionalista de primeiro vencer o inimigo externo. Grande parte das fábricas vai-se converter à fabricação de material de guerra e é principalmente nestes setores que a organização "científica" do trabalho vai-se aprofundar.

O período de guerra significou uma tal difusão do taylorísmo que em 1921 seus discípulos franceses vão-se organizar e fundar a "Conferência da Organização Francesa".

Paralelamente à difusão das ideias de Taylor, outro estudioso da administração vai desenvolver, na própria França, ideias em direção similar: trata«se de Henri Fayol. Tendo trabalhado durante quase toda sua vida na Empresa de Mineração Commentry-Fourchambault, Fayol desenvolve estudos sobre a chefia da empresa. Em 1916, ele publica as primeiras partes de sua obra principal *Administration Industrialle et Générale*, onde desenvolve a sua teoria administrativa.

Embora aparentemente as duas teorias possuíssem pontos divergentes, elas vão-se mostrar complementares, como atesta a fusão em 1926 do "Centro de Estudos da Administração" fundado por Fayol com a "Conferência da Organização Francesa", vindo a formar um só grupo intitulado "Comitê Nacional da Organização Francesa".

Após o término da guerra, aparece na França o trabalho em cadeia. Em 1919, a Citroën lançará o seu novo modelo através da cadeia de montagem, à imagem da fábrica da Ford nos EUA. A Renault vai seguir os passos da Citroen, introduzindo em 1922 a linha de montagem em uma de suas oficinas e generalizando seu uso em 1925, tanto na usinagem quanto na montagem.

A desqualificação dos postos de trabalho se difunde na mesma medida em que se generaliza o uso da cadeia de montagem. Na Renault os operários qualificados diminuem de 46% do total em 1925 para apenas 32% em 1939, abrindo espaço para o surgimento dos "O.S.", operários semiqualificados que executam repetitivamente os movimentos padronizados na linha de montagem.

Na França, a grande parte dos "O.S." é constia tuída de operários estrangeiros, formando uma massa de trabalhadores anônimos e sem grandes canais de expressão e de mobilização. A sua própria condição de operários taylorizados, desqualificados, reprodutores de movimentos previamente determinados, reduz drasticamente o seu poder de uma interferência real no ritmo de produção imposto pela direção.

Nova Iorque, 1913: trabalhadores de confecções em greve fazem reivindicação.

O DOPOLAVORO
NA ITÁLIA FASCISTA

Ao propor a construção da "nova fábrica", espaço harmônico da produçao, gerenciada pela figura neutra do técnico especialista, o taylorismo encontrou forte ressonância na ideologia fascista. Esta procurava apresentar-se como alternativa anticapitalista aos impasses criados pela livre concorrência e pelo desmesurado jogo das classes que perseguiam egoisticamente interesses particulares. Prometia em troca um mundo que superaria o conflito dos interesses antagônicos no interior do país, já que convertia toda a Itália numa só "nação proletária", em oposição aos demais paises capitalistas.

Como o fascismo, o taylorismo defendia a ideia da construção da sociedade da abundância, através da elevação da produtividade do trabalho conseguida pela colaboração das classes num ideal comum: o enriquecimento da nação. Veiculando a ideia de uma comunidade de interesses entre produtores diretos e direção da fábrica, exaltando o poder da técnica, da racionalização e da disciplina, o taylorismo, tanto quanto o fascismo, apresentava um novo grupo dirigente, constituído separadamente das antigas classes sociais. No entanto, e nisto se diferenciavam, se para o taylorismo esta função de comando deveria ser atribuída ao engenheiro, o fascismo fazia dos *combatenti* uma elite dirigente dignificada pela prova dos campos de batalha.

Fascismo e taylorismo caminham de mãos dadas na Itália: enquanto o primeiro mantinha a ordem social e política no país, o segundo assegurava a dominação dos patrões no interior da fábrica, desarticulando toda forma de resistência dos operários. Como nas demais indústrias do pais, na poderosa indústria mecânica da FIAT a ofensiva de introdução dos novos métodos de trabalho foi viabilizada pela derrota do movimento operário de 1919-1920, e a racionalização do processo de trabalho culminou nos anos de 1929-1930.

Assim, durante toda a década de vinte, os métodos tradicionais utilizados para garantir o exercício do poder na unidade produtiva, em particular, o paternalismo e a violência pura, foram considerados ultrapassados também na Itália.

Industriais "progressistas", como Giovani Agnelli, presidente da FIAT, acreditaram na possibilidade de instituir a fábrica apolítica e higienizada recorrendo aos preceitos do taylorismo. A sociedade construída à imagem de uma grande fábrica moderna transformowse no sonho dos patrões, que não pouparam esforços para convencer os trabalhadores a desistirem da luta contra o capital.

Entretanto, diante das violentas manifestações de resistência por parte destes, o governo fascista resolve interferir direta e coercitivamente na organização da "nova fábrica", entre os anos de 1925-1927. Neste contexto, Mussolini procura persuadir os industriais mais resistentes a adotarem os novos métodos da organização "científica" do trabalho. Mas é especialmente na *organização do tempo livre* do trabalhador que se fará sentir o deslocamento das estratégias patronais de domesticação do proletariado italiano: organismos regidos autoritariamente pelo Estado fascista substituem progressivamente as iniciativas particulares dos patrões.

O *dopolavoro*, neologismo criado pelo engenheiro Mario Giani para indicar o tempo livre após o trabalho, procurou organizar as atividades recreativas e culturais dos operários fora da fábrica de modo a integrá-los por todos os meios ao mundo da produção. As ideias de Giani, que estudara nos Estados Unidos as técnicas tayloristas de gerência de pessoal, foram amplamente aceitas pelos sindicalistas fascistas após 1923. Estes fazem construir toda uma rede de círculos recreativos — os *dopolavoro* — por todo o país.

Em 1925, estas organizações locais foram agrupadas em um organismo estatal, a Opera Nazionale Dopolavoro (OND), que passa a ser submetida absolutamente ao Partido Fascista desde 1927. A partir de então, a OND amplia progressivamente sua rede organizacional para incluir os clubes operários, arrancados dos socialistas, assim como as associações recreativas de origem patronal. No programa da OND incluíam-se serviços sociais que abrangiam educação, cultura popular, organização do lazer, assim como assistência social, considerados como "sólidas contribuições à eficácia econômica e produtiva, exatamente como os métodos da gerência científica", segundo um dirigente fascista.

Entre 1926 e 1935, cerca de 3000 seções do *dopolavoro* foram criadas nas indústrias — os *dopalavoro aziendali* —, o que evidenciava a profunda transformação que se operava nas relações entre Estado e empresas no período fascista. Se no momento anterior os industriais delimitavam suas funções à esfera restrita do mundo dos negócios, agora o Estado procurava persuadi-los ou mesmo obrigá-los a ocuparem-se da vida cotidiana do trabalhador mesmo fora dos muros da fábrica. Os proprietários deveriam encarregar-se inclusive daquelas tarefas tradicionalmente atribuídas ao Estado, como os serviços de assistência social.

A instituição do *dopolavoro* era defendida pela retórica fascista como estratégia moderna para maximizar a produção tanto quanto o sistema Taylor na fábrica: a melhores condições de vida 'os operários responderiam com uma maior produtividade do trabalho. E segundo Mussolini através da OND os italianos estariam caminhando em direção a "uma política mais esclarecida", que resultaria em uma "tranquilidade maior nas fábricas, uma produtividade acrescida e de melhor qualidade e melhores chances de superar a concorrência". Mussolini exaltava os industriais "inteligentes" que compreendiam a importância de construírem escolas, creches, hospitais, clubes etc., para seus operários.

Em consonância com o objetivo de garantir a estabilidade social e de elevar o rendimento na fábrica, indústria e Estado uniam-se num programa de realização de obras sociais, que abrangia desde as moradias operárias até as atividades recreativas. Como sublinhava Giani, descanso e recreação reforçariam "os laços de solidariedade" entre patrões e empregados.

A reorganização fascista da produção acelera-se após 1927, atingindo muito mais do que um conjunto de indústrias altamente mecanizadas no norte. Indústrias de vários ramos da produção adotam a linha de montagem: as indústrias de vidro, de cimento, de papel, de equipamentos elétricos, de produtos químicos etc. introduzem técnicas padronizadas de produção. A indústria têxtil mecaniza-se a tal ponto que a direção das fábricas Angri Manifatture Cottoniere Meridional¡ se vangloriava de que cada uma de suas operárias conseguia produzir agora com 38 teares, enquanto que a média européia oscilava entre 8 e 12.

Ainda no ano de 1927, a CONFINDÚSTRIA (Organização Nacional das Indústrias) criava um Serviço de Ação Social em seus estabelecimentos de Roma, publicando um novo jornal, a *Assistenza Sociale nell'Industria*, que exaltava as iniciativas dos industriais e as realizações sociais do dopolavoro. A direção das indústrias de aço ILVA, de Genebra, defendia o *dopolavoro* por sua "contribuição à elevação do rendimento", enquanto que as indústrias de aço de Nova Liguro recomendavam seu emprego a fim de "restaurar a dignidade, o sentido moral e a auto-estima da força de trabalho, levada assim a sentir vontade de colaborar com outras classes".

Um dos órgãos da CONFINDÚSTRIA, L'Organizazione Scientifica del Lavoro, que se propunha a difundir os princípios da administração científica na Itália, dava todo apoio às iniciativas da OND: "uma análise rigorosa de cifras e dados demonstrou a eficiência indiscutível dos centros recreativas, campos de esporte e alojamentos operários para um melhor rendimento e para uma produtividade acrescida".

Nas palavras de um engenheiro de minas da Sardenha, os sucessos do dopolavoro resultavam da compreensão pela direção de que o operário, "longe de ser uma máquina", era "um *motor* dotado de sentimentos" (grifo nosso), que deveriam ser levados em conta se se quisesse fazê-lo produzir mais. Segundos os boletins distribuidos aos operários, em que se explicavam as benesses da introdução do taylorismo e do *dopolavoro*, "trazendo divertimento e repouso aos trabalhadores (o *dopolavaro*) evocaria dois sentimentos excelentes e de alcance incalculável nos operários — o sentimento da emulação e o da disciplina".

A OND cresce a olhos vistos: 479 empresas e 64 757 assalariados estavam inscritos já em fins de 1927, enquanto que 633 indústrias começavam a criar seus próprios programas assistenciais. Dez anos depois, 2 600 empresas possuíam *dopolavoro* próprio, e, em 1938, mais de 600 empresas de tamanho médio. Após 1930, o crescimento dos *dopolavoro aziendali* é marcante: aliás, a própria OND procurava fazer com que os industriais se preocupassem não apenas com esporte e lazer, mas também com saúde e com educação.

Evidentemente as indústrias que lideravam o movimento eram aquelas em que a organização "científica" da produção fora introduzida de maneira mais vigorosa: empresas públicas, indústrias metalúrgicas e de bens de produção, petro-

A militarização do trabalho.

quimica, minas e têxtil sintético. As indústrias menores, por sua vez, não possuíam um *dopolavoro* próprio.

E na FIAT, portanto, que se estabelece o mais importante dopolavoro da Itália, investimento patronal que visava neutralizar a resistência dos operários mais combativos do pais. Tomando como modelo sua concorrente americana Ford, a FIAT, mais do que qualquer outra indústria italiana, introduz progressivamente todos os elementos do sistema Taylor: a rígida separação entre trabalho manual e intelectual, expropriação do saber operário transferido para a gerência científica, planificação das tarefas subdivididas nos menores detalhes, parcelamento das funções etc. E juntamente com a Olivetti, a FIAT contagia toda a zona industrial do Piemonte com relação às vantagens do taylorismo.

Aqui também a introdução do sistema Taylor, com o método Bedeaux de cronometragem, provoca vivas movimentações da classe operária. É pensando em compensar o aumento da repressão e da carga de trabalho no interior da fábrica, lançados sobre os ombros dos dominados, que a FIAT promove criações de serviços de assistência social assim como de associações recreativas. Desde o início dos anos vinte, o *dopolavoro* fora instituído nessa indústria automobilfstica juntamente com a linha de montagem com o claro intuito de contrabalançar por um lado o que se exigia por outro. No entanto, uma década depois de sua introdução como benefício concedido ao trabalhador, a participação no principal *dopolavora* da Itália tornava-se obrigatória e cada operário passava a ser descontado em uma lira em seu salário mensal.

O objetivo patronal de despolitizar o movimento operário italiano e impedir a emergência de toda forma de resistência social foi levado aos minimos detalhes, como a solicitação aos trabalhadores da FIAT a participarem da própria organização burocrática do *dopolavoro*. Deste modo, esta indústria estabeleceu progressivamente uma ampla rede de delegados operários — os *dopolavoro fiduciari* —, nomeados pelos chefes de serviço e pelos contramestres, para coordenar os programas recreativos da fábrica, substituindo os antigos delegados de fábrica eleitos pelo conjunto dos trabalhadores.

O *dopolavoro* da FIAT situava-se num ostentoso edificio de dois andares, contendo uma sala espaçosa para assembléias gerais, salões para reuniões, salas de jogos repletas de troféus, vestiários masculino e feminino e trinta duchas. Fornecia aos operários atrativos como cursos de fotografia, de lingua, de estenografia, de datilografia, contabilidade, além dos cursos de tênis, de um teatro ao ar livre e de áreas para jogos infantis. Evidentemente a empresa organizava também cursos de formação profissional para diversas categorias.

Possuía ainda trinta barcos e construiu um ginásio na Via Marochetti que incluía esportes sofisticados, como o tênis.

Para os passeios fora do centro urbano, a FIAT construiu em 1928 um chalé alpino perto da estação de esqui de Bardonnechia, onde se poderiam alojar cerca de 200 pessoas no caso de uma jornada mais prolongada e 1000 em excursões diárias. Com relação às habitações operárias, a FIAT não precisou se preocupar em construir moradias especiais, pois suas fábricas estavam localizadas em bairros operários na grande maioria.

A FIAT procurava assim dispensar um tratamento especial aos seus operários de modo a distingui-los do conjunto do proletariado italiano e realçar sua suposta superioridade intelectual, cultural e certamente política. O alto investimento nos esportes visava desenvolver o espirito de competição, como atestam os frequentes campeonatos realizados entre equipes das diversas fábricas que disputavam o prêmio Agnelli.

Também as atividades culturais eram direcionadas no sentido de tratar os operários da FIAT como uma elite cultural e canalizar sua combatividade política. O jornal mensal distribuido aos trabalhadores, Bianco e Rosso, continha de 8 a 16 páginas, incluindo análises literárias de autores como Thomas Mann e Proust, além de publicar novelas de autores fascistas da época. Incluía ainda notícias de esporte, convites para atividades culturais subvencionadas pela empresa, como óperas, concertos sinfônicos, soirées musicais, espetáculos com coral, peças de teatro e exibição de filmes. A FIAT possuia uma biblioteca para os operários contendo cerca de 10 000 volumes não exclusivamente de autores fascistas.

Por outro lado, não se deve supor que o objetivo principal do jornal deixasse de ser a propaganda dos ideais fascistas e a apologia do regime. Os trabalhadores da indústria eram apresentados no discurso imperialista do jornal fascista como "soldados do *front*", que lutavam pelo fortalecimento da nação proletária e pela construção do Império italiano.

Aliás, embora o presidente da FIAT tentasse impedir que o partido e os sindicatos fascistas interferissem diretamente em sua empresa, ela mesma reproduzia internamente a estrutura hierárquica e a rígida disciplina militar do regime: o destacamento de camisas negras da *Coorte do 78 de Novembro*, a seção formada por mil membros da *Giovani Fasciste*, as 2 500 *Donne Fasciste* de uniforme, as diversas organizações paramilitares ligadas à *Gioventú Italiana del Líttorio* zelavam pelo bom funcionamento da empresa.

As empresas públicas, por seu lado, também atuavam no sentido de integrar o trabalhador à produção, incutindo-lhe o sentimento de identifi-cação com a "comunidade industrial". Entre o individuo, a empresa e o Estado não deveria haver nenhuma brecha, a identificação deveria ser total: o operário era a fábrica e vice-versa e todos se uniam no Estado fascista.

No entanto, os trabalhadores do setor público eram bem menos politizados que os da FIAT, embora fossem muito mais diferenciados. Por isso, a Cia. Hidroelétrica Piemontesa ou SIP, um dos mais importantes conglomerados da Itália de pós-guerra e que havia introduzido o sistema Taylor de modo mais rigoroso, instituiu um tipo de *dopolavora único* para operários, pessoal de escritório e engenheiros: o DAS — Dopolavoro Aziendale. O diretor geral da empresa, Gian Giacomo Pontí, vangloriava-se "de não ter nunca criado dois *dopolavoro* dictintos para os empregados de escritório e os operários", ao mesmo tempo que enaltecia a função niveladora de seu *dopolavoro*: "Jamais toleraremos que nosso *dopolavoro* tome um ar aristocrático que possa marginalizar ou humilhar nossos colegas mais próximos".

O DAS procurava funcionar como um "sindicato-lar", onde se esperava que os trabalhadores participassem com entusiasmo e demonstrassem "um verdadeiro espirito de comunidade", como dizia Ponti em 1930: "Estamos convencidos de que cometeríamos um ato vão, talvez até pernicioso, se déssemos à nação operários e cidadãos sãos e educados, mas sem um espirito comunitário, no sentido mais fascista do termo".

As atividades promovidas por este *dopolavoro*

diferenciavam-se das promovidas pela FIAT: enquanto esta procurava difundir uma cultura "futurista" e tecnicista, o DAS exaltava as virtudes da raça em estreita vinculação com a recuperação da tradição histórica "pura" do povo italiano. Organizava concursos de beleza para crianças, excursões e programas esportivos e apresentava peças teatrais enaltecendo as caracteristicas do povo italiano segundo a representação fascista.

Nas indústrias têxteis, onde a principal força de trabalho era constituida por mulheres de origem rural, o *dopolavoro* combinou o paternalismo tradicional com as novas tecnologias de disciplinarização da figura do trabalho divulgadas na década de vinte. Sua função foi essencialmente disciplinar, de acordo com os princípios puritanos que defendia: "mesmo a mais rebelde e a mais indisciplinada das jovens (seria transformada pelo *dopolavoro*) em uma pessoa que não apenas se dobraria diante das normas da vida em sociedade, como se faria defensora convicta da utilidade e da eficácia do sistema (. . .)".

O *dopolavoro* das indústrias têxteis preocupou-se fundamentalmente com as habitações e alojamentos para os operários e operárias, oferecendo-lhes todo conforto. Salas de banho individuais, um bom sistema de eletricidade, além de todo um aparato de serviços cercavam a moradia operária: escola, creche, igreja, armazém, recreações organizadas pela empresa etc., o que lhe conferia uma capacidade de controle sobre os trabalhadores muito maior, num momento em que as antigas organizações operárias que procuravam romper o cerco patronal haviam sido destruídas.

As atividades culturais, bem menos criativas que as das fábricas maiores, voltaram-se para a comemoração dos feriados, considerados como momentos em que se poderiam "estreitar os laços" entre patrões e operários ou como ocasiões propícias para atribuírem-se prêmios aos operários mais produtivos e disciplinados, como a Estrela do Mérito fascista.

O empenho do Estado fascista na construção da fábrica asséptica e de um mundo apolítico, no entanto, ficou devendo muito se comparado às atividades desenvolvidas pelo Departamento da Beleza do Trabalho da Alemanha Nazista. Afinal, nem sempre a OND conseguiu coordenar as iniciativas privadas, que variaram muito de empresa para empresa em relação às vantagens prometidas aos trabalhadores. Nem sempre foram efetuadas na Itália campanhas de "persuasão" sobre a importância da estetização das condições de trabalho e da taylorização do lazer como as que veremos a seguir.

A BELEZA DO TRABALHO NA ALEMANHA NAZISTA

> "No futuro só haverá urna nobreza, a nobreza do trabalho."
>
> Hitler

A glorificação da técnica, da produtividade e da racionalização do processo de trabalho foi levada às últimas consequências pelos regimes fascistas, que buscaram na simbolização estética uma fonte de legitimação ao exercício do poder. Estética e política foram vinculadas estreitamente no nacional-socialismo, que procurou estetizar o espaço da produção e ao mesmo tempo transformar a subjetividade de cada trabalhador, cercando-o através de múltiplas estratégias docilizadoras.

Exaltando o poder transformador da técnica, o movimento de renovação do mundo do trabalho desencadeado na Alemanha a partir de 1934 foi dirigido pelo Departamento da Beleza do Trabalho, instituição criada no ano anterior como parte da organização nazista do lazer "A Força Pela Alegria". Seu principal objetivo foi odetransformar políticamente as relações de trabalho e ganhar a adesão dos trabalhadores, a partir do embelezamento interno e externo das indústrias e oficinas alemãs.

Na verdade, até 1939 quase 80 000 fábricas haviam sido reformadas por dentro e por fora segundo os projetos divulgados pelo Departamento da Beleza do Trabalho. A indústria alemã adquiriu uma nova imagem pelo melhoramento aparente das condições de trabalho: uma melhor ventilação, um sistema mais aperfeiçoado de iluminação, a construção de refeitórios, lavabos, sanitários, a reforma e pintura das paredes, o conserto das roupas de trabalho, a criação de parques e jardins floridos circundando as fábricas deveriam criar a ilusão de harmonia social no espirito do operário.

Para compensar o aumento da exploração do trabalho pela intensificação vertiginosa do ritmo da produção, o Departamento complementava seu projeto de estatização da fábrica defendendo a ideia da construção, fora da empresa, de locais "comunitários" de repouso e de áreas destinadas ao lazer operário. Várias campanhas nacionais de "persuasão" foram realizadas por esta instituição visando convencer os empresários a reformarem e a embelezarem suas indústrias. Assim, o Departamento da Beleza do Trabalho veiculava uma nova dimensão da ideologia nazista através do culto da produtividade e da eficácia, que invadia tanto o domínio da estética quanto o da política.

Uma série de campanhas persuasivas sucedem-se nestes anos. Em maio de 1935, o Departamento lança a campanha contra o barulho industrial; logo em seguida inicia-se a campanha "BOA ILUMINAÇÃO — BOM TRABALHO". Os industriais eram convencidos a instalar um sistema de iluminação mais adequado no interior da fábrica para que os operários pudessem elevar a produtividade de seu trabalho. Seus investimentos seriam recompensados pelos ganhos econômicos excelentes que resultariam de uma melhor condição de trabalho. Em fevereiro de 1937, inicia-se outra campanha que visa higienizar a unidade produtiva: "HOMENS LIMPOS EM FÁBRICAS LIMPAS", resultando na modernização dos sanitários e dos vestiários das indústrias em larga escala. Alguns meses depois, o Departamento promove campanhas de ventilação e posteriormente a de "UMA ALIMENTAÇÃO QUENTE NA FÁBRICA". Vários centros de informação foram instalados nas principais cidades fornecendo dados e conselhos sobre os métodos modernos de remodelação da empresa.

Para ter-se uma ideia dos resultados obtidos: no final de 1938, cerca de 67 000 fábricas haviam sido inspecionadas pelo Departamento, 24000 novos vestiários e sanitários haviam sido instalados, 3 000 locais de esporte construídos, assim como 17 000 áreas de lazer.

Estes números revelam o alcance da penetração da ideologia esteticista veiculada por aquela instituição, que não podia obrigar os industriais ao menos ostensivamente a reformarem suas indústrias, mas tentava convencê-los de que estas medidas modernizantes elevaríam sua margem de lucro significativamente. Afinal, o Departamento atuava no sentido de desfazer e até mesmo opor-se à antiga imagem da fábrica como espaçoda exploração individualista, visando dissolver toda forma de consciência operária e desarticular qualquer tentativa de reorganização do movimento dos trabalhadores, derrotado na década anterior.

A crescente influência do projeto de embelezamento do mundo do trabalho refletiu-se ainda no crescimento interno da própria burocracia do Departamento: composto por quatro pessoas em 1933, ele passa a comportar cinco divisões em 1939, cada qual dotada de sua própria equipe: I — Administração; II — Projeto de Fábricas Artísticas; III — Projetos Técnicos; IV — Pesquisa e Inovação; V — Cidade Bela.

A segunda divisão ocupava-se tanto da reforma interna das fábricas quanto do pequeno número de "fábricas modelo", concebidas e construídas anualmente pelo Departamento. Aterceira cuidava da realização de pesquisas 'científicas sobre iluminação, arejamento, intensidade do barulho, eliminação da poeira e de sua aplicação prática. A quarta promovia os diferentes projetos do Departamento e incentivava a iniciativa dos industriais a adotarem seus conselhos. A última, como o nome indica, devia cuidar do embelezamento das cidades alemãs.

A introdução das inovações projetadas pelo Departamento, no entanto, deveria ser financiada pelo próprio empresário, por isso mesmo não lhe era imposta explicitamente. Aliás, até mesmo as frequentes visitas às fábricas realizadas pelos inspetores da instituição dependiam da permissão de seus proprietários.

As "campanhas de informação" difundindo os projetos idealizados pela Beleza do Trabalho, cada vez mais frequentes, utilizaram panfletos, exposições e filmes propagandísticos. Em 1936, é criado o jornal *Schönheit der Arbeit* para noticiar os êxitos obtidos graças aos melhoramentos introduzidos nas fábricas e para "convencer os industriais da dignidade com a qual o trabalho é considerado na Alemanha de Adolf Hitler".

O Departamento procura mostrar que os empresários que aceitassem suas recomendações obteriam inúmeras vantagens, entre as quais a possibilidade de criar "o espírito de camaradagem e de amor pelo trabalho entre os assalariados". Docilizar o trabalhador suprimindo o tradicional conflito capital/trabalho através da higienização das condições de trabalho foi a grande aposta da Beleza do Trabalho. No cerne de sua ideologia, a ideia de que a limpeza fisica da fábrica traria simultaneamente a "limpeza moral" das formas de descontentamento no espírito do trabalhador.

Uma vez que acreditava poder erradicar a luta de classes do interior do espaço produtivo pela estetização das condições de trabalho e pela organização do lazer operário, o Departamento podia prometer a elevação do rendimento do trabalho para os industriais. inspirados nos personagens de Walt Disney, desenhos animados ilustravam a cores o que a propaganda oficial do Departamento divulgava: à satisfação do chefe da emproca representado pela figura de um elefante correspondia a alegria dos operários simbolizados pelas girafas, gatos e hipopótamos.

Do lado dos trabalhadores, no entanto, a situação era bem outra. A destruição dos sindicatos, a supressão das organizações operárias, a prisão de líderes politicos, assim como o achatamento dos salários durante todo o regime nazista, reduzindo a seu nivel dos anos da Depressão, apenas confirmam a função meramente compensatória e ao mesmo tempo disciplinar dessas medidas.

O silêncio dos operários ao utilizarem as novas instalações chocava-se com as declarações da Beleza do Trabalho de que "a condição da alegria no trabalho e a verdadeira satisfação decorrente não podem ser obtidas senão elevando o trabalho da esfera das puras condições materiais e dando-lhe um significado mais elevado, propriamente ético". De fato, dificilmente a resistência do mundo do trabalho poderia docilizar-se e ser eliminada, uma vez que a própria realização dos projetos do Departamento dependia do cumprimento de "horas suplementares benévolas", leia-se, não pagas.

Juntamente com o programa de edulcorização das fábricas na Alemanha, o Departamento procurou construir e divulgar um novo conceito do trabalho; a nova atividade produtiva não tinha mais objetivos puramente econômicos e particulares como no passado. Às fábricas "satânicas", escuras e sombrias do capitalismo liberal, objeto de críticas ferozes dos trabalhadores desde os ingleses durante a Revolução Industrial, o nazismo procurava contrapor a imagem da fábrica asséptica, limpa, clara, arejada, cujo objetivo fundamental era a criação da riqueza nacional. Sabemos como a ideologia nazista procurava convencer o povo a superar suas diferenças de classe, de religião ou políticas, para criarem uma comunidade nacional e disciplinada: a nação "proletaria".

As campanhas do Departamento esforçaram-se por persuadir os trabalhadores de seu anticapitalismo, construindo o mito da fábrica "desproletarizada", constituida por uma equipe que colaborava nas mesmas tarefas por ter um objetivo nacional comum. Até mesmo a sociologia industrial, através de teóricos como Götz Briefs e A. Geck, procurou mostrar que a indústria moderna deveria reformular as relações de trabalho, recusando-se a repousar meramente sobre o frágil laço moral que unira trabalhadores subjugados e uma direção paternalista no passado.

No entanto, é bom lembrar que o projeto esteticista desenvolvido pela Beleza do Trabalho decorria do desejo de vencer as lutas operárias de resistência ao forte movimento de racionalização da produção que tomara conta da indústria alemã nos anos de 1924-1928. Como em outros países, a introdução do taylorismo, a padronização dos processos de produção e dos objetos produzidos, a expropriação do saber operário, a cronometragem provocaram a eclosão de vários movimentos de revolta dos operários alemães. Portanto, assim como a organização do lazer na Itália fascista, o programa de embelezamento da fábrica pretendia compensar a monotonia, a repetitividade, o desinteresse e principalmente o excesso de trabalho decorrentes da taylorização da produção através da alteração das condições ambientais. Os estudos desenvolvidos por Hugo Munsterberg sobre a psicotécnica, na década anterior, referentes à postura, temperatura, influência da alimentação, do aroma das flores, das luzes coloridas, da música para dança e seus efeitos sobre o trabalho foram de grande utilidade nesse período.

Também o culto ao corpo através do esporte e

da ginástica foi incentivado pela Beleza do Trabalho, que acreditava que o esporte desenvolveria "a disciplina e o espirito de camaradagem" necessários ao estabelecimento da paz social no interior da fábrica. Durante as pausas do almoço, foram programados rigorosos exercicios de ginástica, realizados regularmente nas empresas, enquanto que o boxe, o futebol e o pingue-pongue tornavam-se atividades atraentes para muitos operários. Medida disciplinar que as fábricas japonesas atuais continuaram desenvolvendo.

Até mesmo a arte do período nazista privilegiou temas que reforçavam os ideais de construção da raça pura, do trabalhador vigoroso, disciplinado, forte e musculoso. O pintor Adolf Ziegler, nomeado por Hitler para dirigir a Academia de Belas Artes, especializou-se nos nus alegóricos, enquanto o escultor Arno Breker utilizava como modelo atletas para construir suas estátuas, como as destinadas ao estádio olímpico de Berlim. A representação do homem veiculada pela arte do período de Hitler deveria ressaltar caracteristicas como coragem, força, virilidade, decisão, atribuídas especificamente ao homem, já que a mulher deveria caracterizar-se essencialmente por sua capacidade de procriação.

Entre agosto-setembro de 1938, foi lançado um "apelo esportivo" nacional visando encorajar a prática do atletismo em todas as fábricas alemãs. Neste mesmo ano, cerca de 10 000 empresas possuíam seus próprios clubes desportivos e promoviam vários campeonatos interempresariais.

O Departamento destilava através dessas sofisticadas estratégias disciplinares a ideologia "comunitária", complementada pela organização do lazer e de atividades culturais fora da fábrica: como na Itália, a "Força pela Alegria" programava férias nas "casas comunitárias" especialmente construídas pelas empresas e organizavam-se excursões e passeios com a "familia industrial".

Afinal, a função da Beleza do Trabalho era não só a de estetizar o espaço fabril, como a de conseguir a adesão e a despolitização da classe operária num momento em que se intensificava violentamente a produção com o Plano dos Quatro Anos e a "economia de guerra em tempo de paz". Assim, era fundamental impedir toda forma de conscientização e de articulação dos trabalhadores, apelando-se para o mito da fábrica racionalizada e desproletarizada. Habilmente, Hit-ler apresentava a Beleza do Trabalho como o "socialismo em ação", podendo criticar inclusive os marxistas de que exploravam as agruras e feiúras das condições de trabalho para seus próprios interesses, deixando de lado as "reais" necessidades do povo trabalhador. Segundo o ideólogo nazista Karl Kretschmer, um dos diretores do Departamento, "a política, a economia e a arte eram consideradas de maneira global pelo Departamento da Beleza do Trabalho. Políticamente queremos a comunidade dos trabalhadores, a economia exige o melhor desempenho e a arte destina-se a embelezar sua existência".

Também a aparência externa das fábricas alemãs mobilizou os esforços do Departamento que recomendou a utilização do vidro, das grandes construções em concreto, da pintura das paredes, da instalação de jardins em volta da fábrica. Gramaãos verdejantes, jardins floridos deveriam complementar a reforma interna dos refeitórios, vestiários, lavabos e a instalação de enfermarias e de alojamentos especiais para repouso.

Deste modo, a fábrica era transformada num espaço intimo, aconchegante, confortável e familiar, à medida que se enrijecia a disciplinarização "científica" imposta ao proletariado alemão, atomizado e subjugado.

A partir de 1936, o estilo monumental que caracterizava as construções públicas do Estado nazista foi substituído, na produção, pela busca de racionalidade e de funcionalidade arquitetônica. Em 1938, criou-se um Deparamento de Arquitetura que estabeleceu uma nítida distinção entre os dois estilos: o monumental e majestoso que marcava as construções do setor público, manifestando a força e o poder do Estado nacional-socialista e o industrial baseado na funcionalidade e na regularidade das construções. Os arquitetos modernistas foram empregados amplamente pelas indústrias como a Volkswagen, apoiados pelo

Departamento, para remodelar as unidades produtivas. Aos pintores encomendaram-se afrescos nas casas comunitárias que deveriam buscar temas bucólicos de recreação do espirito.

Embora a preocupação com soluções alternativas para a degradação do trabalhador devido às péssimas condições de vida não tenha sido privilégio da Alemanha nazista, a criação de um Departamento da Beleza do Trabalho enquanto instrumento de legitimação política foi exclusividade do nacional-socialismo.

No entanto, desde o século XIX, iluminação, arejamento dos espaços, e as condições de higiene das fábricas ou dos bairros operários tinham sido objetos do preocupação tanto das classes dominantes quanto de teóricos e politicos de esquerda Engels descrevia em *A Situação da Classe Trabalhadora em Inglaterra* (1844) a condição de miséria, de degradação e de promiscuidade dos operários ingleses e de suas familias. Retratando a terrivel realidade das fábricas, ele dizia: "Os operários têm então de sacrificar a saúde dos seus membros (. . .). Habitualmente a atmosfera das fábricas é ao mesmo tempo quente e úmida, muitas vezes mais quente que o necessário e, se a ventilação não for muito boa, é muito impura, sufocante, pobre em oxigênio, cheia de poeiras e dos vapores do óleo das máquinas que molha quase todo o chão e ai penetra e rança" (p. 202).

Na França ou mesmo na Inglaterra tinham sido

construídas as "cidades-jardins" de acordo com a filosofia de que "o ar, a luz, o sol podem curar os males do trabalho industrial", em meados do século XIX. Contudo, a apropriação destas propostas de solução pela ideologia nazista radicalizou absolutamente a exploração capitalista do trabalho e a dominação sobre o proletariado alemão.

Embora tenhamos até agora mostrado as concepções e as realizações da Beleza do Trabalho, seu sucesso também não foi total. Os trabalhadores desacreditaram em grande parte toda a propaganda que cercava este movimento, e desde 1937 as horas suplementares "voluntárias" precisaram ser abolidas. Entre 1938-1939, a batalha pelo aumento do rendimento resulta em efeito contrário. Além de declinar a produtividade do trabalho, aumenta o descontentamento dos operários diante de salários arrochados e de "racionamentos provenientes do dirigismo estatal sobre um mercado de trabalho caracterizado pela escassez de mão-de-obra".

A nova imagem da fábrica e o embelezamento do espaço da produção não são vitoriosos na luta pela cooptação dos trabalhadores alemães subjugados por uma excessiva carga de trabalho e humilhados pela negação de suas potencialidades.

O HERÓI DO TRABALHO NA URSS

A grande penetração da ideologia da produtividade nas primeiras décadas do século XX, espalhando-se pelo continente europeu, acabou por contaminar também os líderes revolucionários soviéticos.

Após a Revolução de Outubro, colocava-se para os novos detentores do poder a questão dos rumos da construção do socialismo na Rússia. Para os principais lideres bolcheviques, Lênin e Trotsky à frente, tratava-se primeiramente de reerguer economicamente o pais, destroçado pelo esforço de guerra e pela revolução interna. O problema da reconstrução e do desenvolvimento do aparato produtivo russo é elevado como questão fundamental dentro dos debates que se travaram no interior do Partido Bolchevique.

Para Lênin, todos os esforços deveriam ser dirigidos no sentido de construir uma sociedade superior à capitalista. Consequentemente será destinada à industrialização pesada uma atenção especial e um papel definitivo a ser cumprido neste processo.

É neste contexto que Lênin defenderá a adoção daquilo que, em sua opinião, o capitalismo possui de mais avançado, como o sistema Taylor, percebido como avanço cientifico das técnicas de produção. Assim sendo, embora tivesse sido gerado no capitalismo, o método de Taylor consistia em algo de que o poder soviético deveria apropriar-se para acelerar o desenvolvimento da economia em direção ao socialismo.

Nesta etapa de transição, Lênin propunha ao Comitê Central do Partido, em março de 1918, a tese de que "a tarefa que incumbe à República Socialista Soviética pode ser formulada brevemente deste modo: nós devemos introduzir em toda a Rússia o sistema Taylor e a elevação científica, à americana, da produtividade do trabalho".

Defendendo a necessidade da introdução do taylorismo na organização da produção, o líder bolchevique distinguia neste sistema tanto um lado positivo, já que "o sistema Taylor representa um imenso progresso da ciência, que analisa sistematicamente o processo de produção e abre caminho para um enorme crescimento da produtividade do trabalho humano", quanto um aspecto negativo. Afinal, assim como todos os progressos técnicos do capitalismo, "o sistema Taylor reúne toda a refinada ferocidade da exploração burguesa", sendo aplicado na indústria capitalista com a finalidade exclusiva de aumentar a extração da mais-valia acentuando a exploração do trabalho.

Assim, Lênin diferenciava o aspecto técnico do taylorismo de sua utilização política. Acreditava ser possível utilizar uma técnica capitalista num contexto socialista, como se os meios pudessem ser separados dos fins a que se destinam. A técnica é pensada como neutralidade, como instrumento apolítico que independe da formação social onde é gerada e aplicada.

Portanto, para ele o problema não estava no taylorismo em si, mas na maneira pela qual era utilizado: se no capitalismo o objetivo era acentuar a exploração do trabalho pelo capital, no socialismo ele poderia servir para libertar o homem do pesado fardo do trabalho quebrando as barreiras ao desenvolvimento das forças produtivas, desde que fosse acompanhado "... pela redução da jornada de trabalho, pela utilização de novos métodos de produção e de organização do trabalho sem causar dano à força de trabalho da população laboriosa". Na perspectiva leninista, a técnica se configurava como meio de libertação do homem do "reino da necessidade" em direção ao "reino da liberdade".

Na realidade, a introdução do taylorismo na

Rússia foi uma consequência da direção que o Partido Bolchevique imprimiu ao processo revolucionário. O taylorismo estava subordinado a uma ideia mais ampla que tomou conta do desenrolar deste movimento histórico: o princípio da autoridade e da centralização. Desde a famosa exposição de sua concepção de partido em *Que Fazer?*, escrito em 1902, Lênin visualizava a construção de um partido politico extremamente centralizado, onde a disciplina deveria ser uma caracteristica marcante do seu quadro de militantes, a exemplo mesmo de um exército. Pelo que se sabe, Lênin jamais alterou esta concepção de partido revolucionário nem mesmo ao pensar em realidades diferentes da de seu país.

O período conhecido como Comunismo de Guerra, que logo se sucedeu à tomada do poder, acentuou este ideal de disciplina estendido a toda a sociedade para garantir a vitória do socialismo. "E por isto que o Congresso declara que a tarefa primeira e fundamental do nosso Partido, de toda a vanguarda do proletariado consciente e do poder dos *Soviets* é a de honrar as medidas mais enérgicas, impiedosas, draconianas, para reforçar o espirito de disciplina e a disciplina dos operários e camponeses da Rússia", dizia Lênin no VII Congresso do Partido em 1918.

Ao defender a ideia do reforço da disciplina dos trabalhadores e de sua submissão a uma "vontade única" no interior da fábrica, Lênin desacreditava uma outra alternativa de construção do socialismo, realizada a partir das organizações de base. Por isso é fácil entender que logo após a revolução tenha sido criado o Controle Operário, órgão ao qual se deveriam subordinar os comitês de fábrica e, posteriormente, o Conselho Superior de Economia Nacional (*Vesenka*) ao qual o Controle Operário se subordinou num primeiro momento, sendo suprimido de vez logo depois. A *Vesenka* passou assim a centralizar progressivamente um imenso poder sobre toda a legislação da vida econômica na Rússia, o que resultou na eliminação dos comitês de fábrica e na pulverização dos *Soviets*.

Aliás, foi diante do *presidium* da *Vesenka* que foram examinados os decretos sobre o taylorismo a 1.4.1918: "O camarada Lênin propõe uma série de adendos e de formulações mais precisas sobre certos pontos; ele propõe concretizar o projeto (sobre a disciplina do trabalho). A remuneração por peças deve ser estabelecida em todos os ramos de produção; nas especialidades em que não for possivel, instituir um sistema de prêmios. Para controlar a produtividade e assegurar a disciplina, é preciso criar conselhos de vigilância, grupos de controladores constituídos fora da empresa, entre as diversas profissões: engenheiros, contadores, camponeses. O decreto deve falar claramente sobre a introdução do sistema Taylor, ou seja, sobre a utilização de todos os métodos científicos de trabalho implícitos neste sistema. Sem ele é

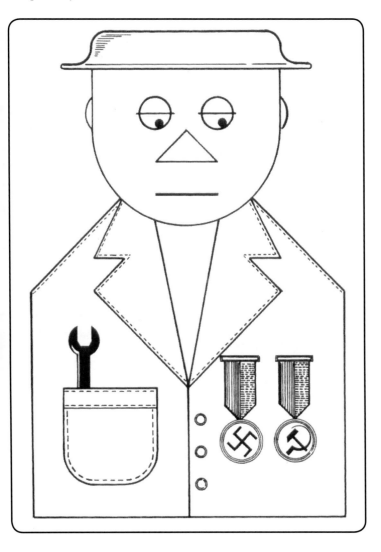

impossível aumentar a produtividade, e sem esta nós não introduziremos o socialismo. Por ocasião da aplicação deste sistema, convidar engenheiros americanos".

Para tanto foi criado o Instituto Central do Trabalhador, por Alexei Gastev, que o dirigiu durante 18 anos, enquanto que no interior da produção os comitês de fábrica eleitos diretamente pelos operários eram substituídos pelo diretor único nomeado pelo Estado. Gastev foi uma figura de destaque no desenvolvimento e na popularização do *scientific management* ou *nauchnaya organizatsiya* truda (organização científica do trabalho) — NOT. Em 1921, Gastev publicava o jornal do Instituto, *Organizatsiya Truda*, com o apoio financeiro do Estado, e no ano seguinte eram estabelecidos bem equipados laboratórios nas dependências do instituto em Moscou, onde também se encontravam uma livraria, um museu de tecnologia e uma biblioteca com 10 000 exemplares.

A introdução do taylorismo na Rússia tanto quanto a institucionalização dos *soviets* pelos bolcheviques têm sido explicadas em função das necessidades advindas da situação delicada e precária em que se encontrava o país recém-saído da Primeira Guerra Mundial e em plena guerra civil. Seja como for, a indústria soviética acaba sendo construída à semelhança da fábrica capitalista e, nesse sentido, reproduz as mesmas relações hierárquicas de poder.

Trotsky, por sua vez, defendia a "militarização dos sindicatos", aos quais atribuiu então o novo papel de colaboração com o Estado na construção do socialismo, uma vez que, acreditava ele, o proletariado já conseguira atingir o poder e derrotar a dominação burguesa. Segundo ele, o poder soviético deveria suprimir toda forma de resistência ao trabalho e instaurar uma rígida disciplina no interior da unidade fabril: "Sob o regime capitalista, o trabalho por peças e por empreitada, a introdução do sistema Taylor etc. tinham como objetivo aumentar a exploração dos operários e roubar-lhes mais-valia. Com a socialização da produção, o trabalho por peças etc. têm como objetivo o aumento da produção socialista e, consequentemente, um aumento do bem-estar comum. Os trabalhadores que concorrem mais do que os outros ao bem comum adquirem o direito de receber uma parte maior do produto social do que os ociosos, os indolentes e os desorganizadores".

Nos inícios dos anos 20, muitas vozes se levantaram no interior do Partido questionando a direção que se estava imprimindo ao processo revolucionário. Dentre estas, a Oposição Operária, através de Alexandra Kollontai, questionava a burocratização crescente do Estado soviético e a progressiva eliminação da criatividade e da autonomia das massas. Kollontai criticava a rígida disciplina instaurada pela organização "científica" da produção, que reintroduzia relações despóticas, hierárquicas e de dominação entre dirigentes e dirigidos no processo de trabalho. Criticava ainda todos os elementos que o sistema Taylor incluía: o salário por rendimento, os prêmios e gratificações, o recurso aos técnicos e engenheiros burgueses no comando da produção. Ao "soldado do trabalho", figura literalmente criada pela ideia de Trotsky de operários disciplinados à direção e às normas instituídas pelos sindicatos militarizados, opunha-se a figura de um operário criativo, dono das condições de seu trabalho e portanto incompatível com o ideal taylorista.

Fora do partido, outros grupos também questionavam as diretrizes da organização do trabalho na indústria socialista. Grupos anarquistas e organizações operárias desvinculadas dos sindicatos oficiais colocaram-se contra a perda de autonomia dos trabalhadores em seu local de trabalho. Este descontentamento manifesta-se desde o segundo semestre de 1918 através de frequentes atos de violência e mesmo de revolta, segundo constatam a imprensa soviética e as discussões nos congressos sindicais do período.

Antônio Gramsci na Itália chega a censurar Trotsky por tentar importar "cegamente" o taylorismo, deixando de aprofundar-se verdadeiramente sobre as necessidades específicas de uma economia socialista em construção. Entretanto, a ideologia da produtividade grassava entre os líderes soviéticos a tal ponto que, em 1931, os delegados operários russos em visita às fábricas da FIAT na Itália fascista admiravam a organização "democrática" do *dopolavoro*.

O culto da eficácia e da disciplina na produção foi radicalizado e ampliado a outros setores da vida social com a ascensão de Stalin. A rápida industrialização propugnada pelo primeiro plano quinquenal (1928-1932) reforçou ainda mais a organização despótica do processo de trabalho no conjunto das indústrias soviéticas.

Este período, se não mostrou uma grande resistência aberta à direção autoritária no trabalho, foi marcado por uma resistência "passiva" constante no interior da unidade produtiva, o que levou o Estado a lançar mão de medidas disciplinares severas. Um decreto governamental de 1932 expulsava dos alojamentos operários culpados de absenteísmo e os privava dos cupons de abastecimento. Uma outra forma de resistência era a alta rotatividade dos operários, chegando no ano de 1935 a 86,1% o número de trabalhadores que mudaram de emprego no setor industrial. Outro decreto impunha a redução dos salários e o rebaixamento de cargos para os operários que danificassem as máquinas.

Em 1936 tem inlcio na URSS o movimento *stakhanovista*, que visava incentivar o aumento da produtividade do trabalho. Alexei Stakhanov, mineiro da região de Donetz, consegue ultrapassar a norma de rendimento cavando 102 toneladas de carvão em seis horas (agosto de 1935). Uma semana depois um artigo do *Pravda* elogiava-o como "operário modelo" e insistia sobre a necessidade de se passar das formas individuais de emulação à mobilização das massas trabalhadoras.

Tem início com isto um movimento de propaganda da excelência no trabalho, preocupado com a generalização das formas mais produtivas. A figura do operário-padrão, representada por Stakhanov, era elevada pelo discurso do partido à condição de um novo tipo de trabalhador, o trabalhador soviético autêntico, leia-se submisso e produtivo, e cujo exemplo deveria ser imitado em todo o país. Este operário ideal não tinha oomo função concorrer com seus camaradas, mas incentivar o espírito de inovação, as normas técnicas e o desenvolvimento das forças produtivas, tal como o pedreiro Mateus Birkut, apresentado por A. Wajda no filme *O Homem de Mármore*.

A reação da maioria dos operários soviéticos, prejudicados pela campanha que lhes impunha parâmetros tomados muito acima de suas possibilidades concretas, foi de hostilidade contra os stakhanovistas. Os casos de sabotagem das normas e de abandono das fábricas avolumam-se no período. Afinal, durante o verão de 1936, de 9,5% a 22% (dependendo da fábrica) da força de trabalho empregada na construção de máquinas eram incapazes de executar as normas impostas.

A situação do trabalho na URSS não tem apresentado melhoras significativas, mesmo após o processo de destalinização que sucede as resoluções do XX Congresso. As inúmeras manifestações operárias de que se têm notícia na esfera do "socialismo real" nos mostram que a situação do operariado no interior da esfera produtiva pouco tem se diferenciado de seus colegas do mundo capitalista. Que o diga o forte descontentamento operário traduzido nas organizações extra-oficiais dos trabalhadores, tais como o Solidariedade na Polônia e o SMOT (União Livre Interprofissional dos Trabalhadores) na própria URSS.

Saída da fábrica de Putilov de Petrogrado, I 914.

CONCLUINDO...

Embora originariamente a organização "científica" do trabalho tivesse se limitado à esfera da produção e visasse incidir especificamente sobre a classe operária, paulatinamente o taylorismo invade outros espaços do social, penetrando nos mais ocultos recantos como, por exemplo, na realização da atividade doméstica ou ainda no campo da medicina.

A preocupação em conferir um novo estatuto ao trabalho doméstico, profundamente alterado após a Revolução Industrial, levou as mulheres da classe média ascendente e da burguesia norte-americanas a fundarem um "movimento pelas ciências domésticas" no início do século XX. O estudo de B. Ehrenreich e D. English, *La Science, Le Travail et La Menagère*, mostra como, num primeiro momento, o fácil acesso aos produtos industrializados tradicionalmente fabricados nas fazendas ou nas indústrias domésticas, como o sabão, tecido, vela, pão, manteiga etc. liberou a mulher de inúmeras atividades, ampliando o tempo livre especialmente das mais ricas.

No entanto, logo o crescente "vazio doméstico", resultante das facilidades da vida urbana, foi-se tornando um problema para aquela faixa social, à qual também era dirigido todo um discurso aconselhando-as a afastarem-se do mundo masculino dos negócios e da política.

Assim, o movimento pelas ciências domésticas fundado pela farmacêutica Ellen Richards, nos EUA, inquietandose com a falta de perspectiva para as mulheres, outrora responsáveis diretas pelo abastecimento do lar, procurou encontrar um novo significado para o trabalho doméstico.

A necessidade de salvar o lar e a própria família ameaçada pela sedução crescente do mundo exterior foi levantada como bandeira pelo movimento, ao qual aderem posteriormente médicos, filantropos e higienistas. A recente *teoria dos micróbios* veio fundamentar "cientificamente" o novo papel atribuido à atividade da mulher realizada no lar. Afinal, já que várias doenças contagiosas se propagavam pelo contato direto entre as pessoas, ou através de objetos como os telefones públicos, o dinheiro, as roupas experimentadas nas lojas e não mais devido às influências do ar ou de outros fluidos, a questão da limpeza da casa e das diversas instalações tornou-se uma responsabilidade moral para a mulher. A indústria colaborava com a fabricação de produtos "cientificamente comprovados" de assepsia dos ambientes.

É neste contexto que o movimento defende a introdução do taylorismo na organização do trabalho doméstico. Cada atividade deveria ser subdividida em seus gestos consecutivos, analisados minuciosamente e encarregados a um especialista. Evidentemente, o sistema Taylor só podia ser aplicado parcialmente no lar, já que todo o serviço deveria ser realizado pela mesma pessoa. Ellen Richards, porém, detestava os "movimentos inúteis" mesmo dentro do aconchego do lar, e juntamente com Christine Frederick batalhou pela taylorização das atividades domésticas.

Assim, a mesa de passar roupa, por exemplo, deveria estar colocada no lugar certo e na altura devida para evitar que a pessoa precisasse se curvar; as tarefas cotidianas e semanais deveriam ser planejadas cuidadosamente, assim como o lavar, o varrer, o descascar batatas e outros legumes. Cada instrumento a ser utilizado deveria ser colocado em ordem e em lugar de fácil acesso a fim de que tudo fosse realizado num minimo de tempo. Cada tarefa seria cronometrada e a dona-de-casa taylorizada não poderia esquecer-se da administração das finanças, das contas, dos avisos, das receitas médicas, além do livro de receitas e de uma agenda contendo as datas de festas e aniversários.

A taylorização do trabalho doméstico chegou a obter um grande sucesso na década de trinta, nos EUA, sendo apoiada inclusive pelo movimento feminista. Evidentemente, a questão do novo estatuto do trabalho doméstico se colocava para as mulheres da classe média urbana e não para as de condição social inferior, obrigadas a empregarem-se fora da casa.

A possibilidade de "economizar tempo", poupando gestos supérfluos e inúteis, encontrou adeptos até mesmo no campo da medicina. Em novembro de 1930, A *Folha Médica* publicava no Brasil um artigo em que o dr. Leonídio Ribeiro, elogiando o taylorismo, discutia "como o systema de Taylor (poderia) ser aplicado à cirurgia" e criticava "o hábito da maioria de nossos cirurgiões (de) collocar ao acaso seus ferros na mesa misturando-os à proporção que vae operando, de tal modo que num dado momento não póde mais encontrar, com rapidez, entre os instrumentos, aquelle que deseja (. . .)".

Aconselhava os médicos em geral a distribuírem os instrumentos de trabalho "na mesma ordem e em igual número em mesas confortáveis e adequadas, onde tudo fique no mesmo lugar". O Dr. Leonídio conseguia ainda ilustrar como a aplicação do método taylorista permitiria realizar operações em muito menos tempo. Assim, uma operação de câncer no seio poderia ser realizada em 4 minutos, ao invés dos 19 necessários pelos métodos tradicionais.

• • •

A utopia taylorista de construção da fábrica "racional" e de um mundo de colaboração entre as classes sociais não conseguiu tornar-se uma realidade definitiva.

De um lado, pela própria contradição inerente à realidade da produção capitalista. A grande complexidade da fábrica moderna e a constante mudança da técnica tornam praticamente impossível a previsão e a planificação da rotina do trabalho de modo absoluto. A intervenção imediata e criativa do produtor direto a fim de resolver questões colocadas no cotidiano da fábrica impossibilita que se concretize a *representação taylorista do homem-boi*. Tal fato pode ser observado claramente nas "operações-zelo", em que a produção da fábrica é reduzida não por um movimento paredista propriamente dito, mas ironicamente pela determinação dos operários de cumprirem à risca os regulamentos da produção.

Assim, evidencia-se o absurdo da lógica capitalista de produção, que Taylor leva ao limite, ao pretender fazer do trabalhador apenas um "apêndice da máquina". Na prática, é impossível exigir que um operário execute "o único método bom" o tempo todo e no mesmo ritmo imposto pela gerência. Afinal, o próprio funcionamento das normas e dos ritmos impostos dependem da aceitação do trabalhador, por isso mesmo que desde Taylor até à co-gestão se tenta ganhar sua adesão.

Por outro lado, a ininterrupta busca de novas formas de organização do trabalho tais como o *enriquecimento das tarefas* ou a criação dos *grupos semi-autônomos* revelam-se como tentativas para superar os obstáculos opostos pela resistência operária diante de um trabalho que se tornou monótono, repetitivo, desinteressante e idiotizado.

A mais recente estratégia patronal para vencer a luta operária no interior da fábrica — a automação — pretende realizar aquilo que o sonho taylorista felizmente foi incapaz de conseguir: afinal, o robô só precisou ser criado porque o trabalhador se recusou a ser ele mesmo transformado numa máquina robotizada.

Ao mesmo tempo, se o desejo de organizar "cientificamente" a própria vida social encontrou muitos adeptos e atingiu campos aparentemente impenetráveis, do lazer ao trabalho doméstico, hoje a situação mudou de figura. Muitos são os movimentos, organizados ou não, que vêm questionando a representação puritana do tempo instituída pelo imaginário burguês, tanto quanto a competência dos discursos ditos "científicos". A recusa do relógio, de obedecer rigidamente os horários estipulados, de realizarem-se as atividades correndo, enfim, a negação de uma vida programada, não parece uma questão colocada apenas por grupos como os hippíes nos anos 60.

A organização extremamente autoritária e centralizadora defendida pelo taylorismo vem sendo criticada e desacreditada progressivamente à medida que crescem movimentos em luta por novas formas de sociabilidade. Principalmente depois das possibilidades abertas pela experiência da Revolução Cultural e do maio de 68, multiplicam-se os movimentos que buscam uma redefinição do conteúdo das relações sociais e uma nova forma, descentralizada e autônoma, de gestão do trabalho e da própria maneira de viver.

INDICAÇÕES PARA LEITURA

Embora o taylorismo tenha sido objeto de estudo por especialistas de várias áreas do conhecimento em diversos paises, a bibliografia existente em português é bastante limitada, enquanto que a estrangeira é de dificil acesso.

Dos livros mais famosos de F. Taylor somente o que expõe os *Princípios da Administração Científica* foi editado em português, pela Ed. Atlas. Seu outro trabalho, *Shop Management*, ainda não foi traduzido, sendo a versão original editada pela Harper & Brothers de Nova Iorque.

Benedito Silva escreveu um dos raros, senão o único livro existente em português exclusivamente dedicado ao tema, *Taylor e Fayol*, editado pela Ed. Fundação Getúlio Vargas (1960). No entanto, a perspectiva apologética adotada pelo autor faz do taylorismo uma das grandes invenções científicas do século.

Numa perspectiva critica e desmistificadora, destaca-se a conhecida contribuição de Harry Braverman, *Traba-*

lho e Capital Monopolista (Zahar Ed.), onde, ao discutir a degradação do trabalho no século XX, o autor dedica alguns capitulos ao taylorismo. Já em *A Condição Operária e outras estudos sobre a opressão*, Simone Weil explica em que consiste "A Racionalização", numa conferência para operários.

Discutindo em termos mais amplos a resistência à organização despótica do trabalho, existem os livros de Amnéris Maroni, *A Estratégia da Recusa* (Ed. Brasiliense, 1982), que analisa as greves de maio de 1978 no ABC, e o de Maurício Tragtenberg, *Administração, Poder Ideologia* (Ed. Moraes, 1980), sobre relações de trabalho em diversos países.

Com relação à introdução do taylorismo nos EUA e na Furopa e URSS, contamos com os excelentes artigos publicados pela revista *Rechorches*, nos 33/34, setembro de 1978, principalmente. Todos os estudos são de muito bom nivel; citamos os que utilizamos mais profundamente:

FRIDENSON, P., "France-USA: Genèse de l'Usine Nouvelhe".

MOUTE, A., "Patrons de Progrès ou Patrons de Combat?".

VAUDAGNA, M., "L'Américanisme et le Management Scientifique dans l'Italie des années 1920".

DE GRAZIA, V., "La Taylorisation des Loisirs Ouvriers".

RABINBACH, A., "L'Esthétique de la Production sous le III Reich".

RITTE RSPORN, G., "Le Mouvement Stakhanoviste".

EHRENREICH, B. e ENGLISH, D., "La Science, Le Travail, Le Ménage".

Existe ainda o artigo de David Montgomery, "Quels

Standards? Les Ouvriers et la Réorganization de la Production aux États-Unis (1900/20)", na revista *Le Maurremem Social*, nº 102, jan.-mar., 1978. Na revista *Les Temps Modernes*, A. Héron discute a introdução do taylorismo na França em "Le Taylorisme, Hier et Demain" (1978).

Para a análise da questão da organização do trabalho na Rússia após a Revolução de 1917, ver o livro de R. Linhart, *Lénine, Les Paysans, Taylor* (Éditions du Seuil), o artigo de J. Querzola, "Le Chef d'Orchestre à la Main de Fer", na revista *Recherches* já citada, e outro de K. Bailes, "Alexei Gastev and the Soviet Controversy over Taylorism, 1918-24", na revista *Soviet Studies*, vol. XXIX, nº 3, jul., 1977.

Finalmente, devemos destacar as instigantes questões levantadas por Cornelius Castoriadis nos artigos reunidos na obra *L'Expérience du Mouvement Ouvrier*, publicada em 1974 pela Union Générale d'Éditions, e por Benjamin Coriat em *Ciencia, Técnica y Capital*, editado por H. Blume Ediciones.

Sobre os autores

A paulistana Luzia Margareth Rago, formada em história pelo Departamento de História da USP, é professora livre-docente do Departamento de História da Unicamp. Publicou *Do cabaré ao lar. A utopia da cidade disciplinar (Brasil – 1890-1930)*, pela Ed. Paz e Terra, 1985; *Os prazeres da noite. Prostituição e códigos da sexualidade feminina em São Paulo, 1890-1930* (Ed. Paz e Terra, 1991); *Entre a história e a liberdade: Luce Fabbri e o anarquismo contemporâneo* (Editora da Unesp, 2001). Organizou, com Luiz Orlandi e Alfredo Veiga-Neto, a coletânea *Imagens de Foucault e Deleuze. Ressonâncias nielzchianas* (Ed. DPA. 2002). Adora Michel Foucault.

Eduardo F. P. Moreira formou-se em administração de empresas na Fundação Getúlio Vargas e defendeu o mestrado na Faculdade de Economia da Unicamp. Atualmente é professor da Faculdade de Economia e Administração da Pontifícia Universidade Católica de São Paulo (PUC-SP)

Coleção Primeiros Passos
Uma Enciclopédia Crítica

- ABORTO
- AÇÃO CULTURAL
- ACUPUNTURA
- ADMINISTRAÇÃO
- ADOLESCÊNCIA
- AGRICULTURA SUSTENTÁVEL
- AIDS
- AIDS – 2ª VISÃO
- ALCOOLISMO
- ALIENAÇÃO
- ALQUIMIA
- ANARQUISMO
- ANGÚSTIA
- APARTAÇÃO
- APOCALIPSE
- ARQUITETURA
- ARTE
- ASSENTAMENTOS RURAIS
- ASSESSORIA DE IMPRENSA
- ASTROLOGIA
- ASTRONOMIA
- ATOR
- AUTONOMIA OPERÁRIA
- AVENTURA
- BARALHO
- BELEZA
- BENZEÇÃO
- BIBLIOTECA
- BIOÉTICA
- BOLSA DE VALORES
- BRINQUEDO
- BUDISMO
- BUROCRACIA
- CAPITAL
- CAPITAL INTERNACIONAL
- CAPITALISMO
- CETICISMO
- CIDADANIA
- CIDADE
- CIÊNCIAS COGNITIVAS
- CINEMA
- COMPUTADOR
- COMUNICAÇÃO
- COMUNICAÇÃO EMPRESARIAL
- COMUNICAÇÃO RURAL
- COMUNIDADES ALTERNATIVAS
- CONSTITUINTE
- CONTO
- CONTRACEPÇÃO
- CONTRACULTURA
- COOPERATIVISMO
- CORPO
- CORPOLATRIA
- CRIANÇA
- CRIME
- CULTURA
- CULTURA POPULAR
- DARWINISMO
- DEFESA DO CONSUMIDOR
- DEFICIÊNCIA
- DEMOCRACIA
- DEPRESSÃO
- DEPUTADO
- DESIGN
- DESOBEDIÊNCIA CIVIL
- DIALÉTICA
- DIPLOMACIA
- DIREITO
- DIREITOS DA PESSOA
- DIREITOS HUMANOS
- DIREITOS HUMANOS DA MULHER
- DOCUMENTAÇÃO
- DRAMATURGIA
- ECOLOGIA
- EDITORA
- EDUCAÇÃO
- EDUCAÇÃO AMBIENTAL
- EDUCAÇÃO FÍSICA
- EDUCACIONISMO
- EMPREGOS E SALÁRIOS
- EMPRESA
- ENERGIA NUCLEAR
- ENFERMAGEM
- ENGENHARIA FLORESTAL
- ENOLOGIA
- ESCOLHA PROFISSIONAL
- ESCRITA FEMININA
- ESPERANTO
- ESPIRITISMO
- ESPIRITISMO 2ª VISÃO
- ESPORTE
- ESTATÍSTICA
- ÉTICA
- ÉTICA EM PESQUISA
- ETNOCENTRISMO
- EXISTENCIALISMO
- FAMÍLIA
- FANZINE

Coleção Primeiros Passos
Uma Enciclopédia Crítica

FEMINISMO	HOMOSSEXUALIDADE	MARKETING POLÍTICO
FICÇÃO	IDEOLOGIA	MARXISMO
FICÇÃO CIENTÍFICA	IGREJA	MATERIALISMO DIALÉTICO
FILATELIA	IMAGINÁRIO	MEDIAÇÃO DE CONFLITOS
FILOSOFIA	IMORALIDADE	MEDICINA ALTERNATIVA
FILOSOFIA DA MENTE	IMPERIALISMO	MEDICINA POPULAR
FILOSOFIA MEDIEVAL	INDÚSTRIA CULTURAL	MEDICINA PREVENTIVA
FILOSOFIA CONTEMPORÂNEA	INFLAÇÃO	MEIO AMBIENTE
	INFORMÁTICA	MENOR
FÍSICA	INFORMÁTICA 2ª VISÃO	MÉTODO PAULO FREIRE
FMI	INTELECTUAIS	MITO
FOLCLORE	INTELIGÊNCIA ARTIFICIAL	MORAL
FOME	IOGA	MORTE
FOTOGRAFIA	ISLAMISMO	MULTINACIONAIS
FUNCIONÁRIO PÚBLICO	JAZZ	MÚSICA
FUTEBOL	JORNALISMO	MÚSICA BRASILEIRA
GASTRONOMIA	JORNALISMO SINDICAL	MÚSICA SERTANEJA
GEOGRAFIA	JUDAÍSMO	NATUREZA
GESTO MUSICAL	JUSTIÇA	NAZISMO
GOLPE DE ESTADO	LAZER	NEGRITUDE
GRAFFITI	LEGALIZAÇÃO DAS DROGAS	NEUROSE
GRAFOLOGIA	LEITURA	NORDESTE BRASILEIRO
GREVE	LESBIANISMO	OCEANOGRAFIA
GUERRA	LIBERDADE	OLIMPISMO
HABEAS CORPUS	LÍNGUA	ONG
HERÓI	LINGUÍSTICA	OPINIÃO PÚBLICA
HIERÓGLIFOS	LITERATURA INFANTIL	ORIENTAÇÃO SEXUAL
HIPNOTISMO	LITERATURA DE CORDEL	PANTANAL
HISTÓRIA	LIVRO-REPORTAGEM	PARLAMENTARISMO
HISTÓRIA DA CIÊNCIA	LIXO	PARLAMENTARISMO MONÁRQUICO
HISTÓRIA DAS MENTALIDADES	LOUCURA	
	MAGIA	PARTICIPAÇÃO
HISTÓRIA EM QUADRINHOS	MAIS-VALIA	PARTICIPAÇÃO POLÍTICA
HOMEOPATIA	MARKETING	PATRIMÔNIO CULTURAL

Coleção Primeiros Passos
Uma Enciclopédia Crítica

IMATERIAL	QUESTÃO DA DÍVIDA	TEORIA
PATRIMÔNIO HISTÓRICO	EXTERNA	TOXICOMANIA
PEDAGOGIA	QUÍMICA	TRABALHO
PENA DE MORTE	RACISMO	TRADUÇÃO
PÊNIS	RADIOATIVIDADE	TRÂNSITO
PERIFERIA URBANA	REALIDADE	TRANSPORTE URBANO
PESSOAS DEFICIENTES	RECESSÃO	TRANSEXUALIDADE
PODER	RECURSOS HUMANOS	TROTSKISMO
PODER LEGISLATIVO	RELAÇÕES INTERNACIONAIS	UMBANDA
PODER LOCAL	REMÉDIO	UNIVERSIDADE
POLÍTICA	RETÓRICA	URBANISMO
POLÍTICA CULTURAL	REVOLUÇÃO	UTOPIA
POLÍTICA EDUCACIONAL	ROBÓTICA	VELHICE
POLÍTICA NUCLEAR	ROCK	VEREADOR
POLÍTICA SOCIAL	ROMANCE POLICIAL	VÍDEO
POLUIÇÃO QUÍMICA	SEGURANÇA DO TRABALHO	VIOLÊNCIA
PORNOGRAFIA	SEMIÓTICA	VIOLÊNCIA CONTRA A
PÓS-MODERNO	SERVIÇO SOCIAL	MULHER
POSITIVISMO	SINDICALISMO	VIOLÊNCIA
PRAGMATISMO	SOCIOBIOLOGIA	URBANA
PREVENÇÃO DE DROGAS	SOCIOLOGIA	XADREZ
PROGRAMAÇÃO	SOCIOLOGIA DO ESPORTE	ZEN
PROPAGANDA IDEOLÓGICA	STRESS	ZOOLOGIA
PSICANÁLISE 2ª VISÃO	SUBDESENVOLVIMENTO	
PSICODRAMA	SUICÍDIO	
PSICOLOGIA	SUPERSTIÇÃO	
PSICOLOGIA COMUNITÁRIA	TABU	
PSICOLOGIA SOCIAL	TARÔ	
PSICOTERAPIA	TAYLORISMO	
PSICOTERAPIA DE FAMÍLIA	TEATRO	
PSIQUIATRIA ALTERNATIVA	TEATRO INFANTIL	
PSIQUIATRIA FORENSE	TEATRO NÔ	
PUNK	TECNOLOGIA	
QUESTÃO AGRÁRIA	TELENOVELA	